大学入試

20日間完成

レベル別

英文法問題Solution Last Spurt

ソリューション ラストスパート

3

トップレベル

別冊問題

DAY 1

月　　日(　)

1 次の各文の(　　)に入れるのに最も適当なものを、それぞれ下の①〜④のうちから1つずつ選びなさい。

1 □□□ The lawsuit (　　) that the company was aware of cancer risk associated with the dry chemical powder but concealed that information from the public.

① alleged　② facilitated　③ filed　④ sued　(慶応大　商)

2 □□□ A (　　) grant from a steel company finally enabled us for the first time to launch a long-term plan for product development.

① genteel　② genuine　③ general　④ generous

(上智大　文・法・総合人間)

3 □□□ The bookstore staff checks the number of books every day to see if they are (　　) low.

① going　② running　③ making　④ staying

(青山学院大　理工)

4 □□□ The architects used a new computer program to design the new steel (　　).

① systematic　② stenographer

③ steam　④ structure　(東京理科大　工)

5 □□□ During his journey, he had to (　　) an account of his expenses in order to write a report for his company.

① hold　② keep　③ neglect　④ remove　(中央大　法)

6 □□□ Our elementary school is no longer the school (　　) it was ten years ago.

① that　② where　③ in which　④ when

(法政大　デザイン工／改)

7 The team is allowing me to borrow the equipment as long as ( ) by the end of the month.
□□□
① I have backed it ② it has back
③ they have it back ④ they have back it
（東京薬科大　生命科）

8 Though no serious damage has been done so far, the San Andreas Fault is always rumored to be ( ) unleashing a devastating earthquake.
□□□
① close to the edge for ② in the middle of
③ in the moment for ④ on the verge of
（上智大　文・法・総合人間）

9 The guide took us to a tiny mountain village ( ) I had never heard before.
□□□
① of the name which ② which of the name
③ the which of name ④ the name of which （東海大　教養）

10 She was ( ) enough to believe such a ridiculous story.
□□□
① absolute ② aggressive ③ cautious ④ naïve （芝浦工大）

2 次の各文において、日本語を参考にしながら、それぞれ下の語句を並べかえて空所を補い、最も適当な文を完成させなさい。ただし、文頭にくるものも小文字で示してあります。１語不要の表記がある問題は、選択肢の中に不要な語が１つあります。

1 言論の自由を制限するかどうかをめぐり議論がある。
□□□ There is a debate over ( )( )( )( )( )( )( )( ).
① freedom ② limits ③ of ④ on
⑤ put ⑥ speech ⑦ to ⑧ whether
（東京理科大）

2 君の決心を変えさせたのは何だったの。
□□□ What ( )( )( )( )( )( ) your mind?
① to ② you ③ change ④ it
⑤ was ⑥ that caused （青山学院大　理工）

3 デイヴィッドはどうして サムがボブに勝てると思ったんだい？（１語不要）

□□□ (　　)(　　)(　　)(　　)(　　)(　　)(　　)(　　)?

① Bob　② could　③ David　④ defeat
⑤ made　⑥ Sam　⑦ think　⑧ what
⑨ why

（東京理科大　理）

4 あの失礼な男はエレベーターの中で私の足を踏んでも詫びることすらしなかった。

□□□ That rude man did not (　　)(　　)(　　)(　　)(　　)(　　) on my foot in the elevator.

① apologize　② much　③ stepping　④ as
⑤ for　⑥ so

（中央大　商）

5 大都市の鉄道システムの欠点は雪に弱いことだ。

□□□ (　　)(　　)(　　)(　　)(　　)(　　)(　　)(　　)(　　).

① the railway system in　② that
③ the metropolitan area　④ the problem
⑤ with　⑥ it is
⑦ is　⑧ by snow
⑨ easily affected

（獨協医科大　医）

3 **次の各文において、間違っている箇所を①～④の中からそれぞれ１つずつ選び、正しい形に変えるか削除しなさい。選択肢が①～⑤の問題は、誤りがない場合は⑤を選びなさい。**

1 ① Among the Victorian period there were dramatic changes in the ② mode, speed and frequency of travelling, and ③ such changes ④ were reflected in the size, planning and structure of hotels. ⑤ NO ERROR

□□□ （早稲田大　社会科学）

2 ① I turned off ② my smartphone and ③ lied it down ④ on top of the desk.

□□□ （一橋大／改）

3 Hours of studying ① had made Sarah so tired that ② the moment she arrived home, she fell ③ fast sleep with the lights ④ still on.

□□□ （東京理科大　経営）

4 It's no ① coincidental that circus music is often identical ② to the
□□□ sort of marches that soldiers used to ③ go off to die ④ to.

（上智大　文・総合グローバル）

5 Recent studies① have shown that in-store shopping decreased
□□□ significantly ② during the pandemic, as many shops closed ③ from the result of strict lockdowns ④ that occurred worldwide.

（中央大　法）

DAY 2

月　日（　）

1 次の各文の、（　　）には、入れるのに最も適当なものを、下線が引いてあるものは、最も意味が近いものを、それぞれ下の①～④（①～⑤）のうちから１つずつ選びなさい。＊が付いている問題は、適当ではないものを選びなさい。すべて適当な場合は⑥の**ALL CORRECT**を選びなさい。

1 □□□
After the incident, X-rays showed that the girl had suffered a major (　　) in her left ankle.
① fracture　② detachment
③ breach　④ crevice
（中央大　国際経営）

2 □□□
Some mistakes are soon forgiven; others are unforgivable. Some historical problems are easily forgotten; others are cause for lasting (　　).
① indignation　② indifference
③ ignorance　④ ignition
（慶応大　商）

3 □□□
I (　　) play the piano these days.
① always never　② hardly ever
③ sometimes yet　④ rarely often
（青山学院大）

4 □□□
The manager gave a (　　) explanation of the situation to the customers.
① comprehended　② comprehending
③ comprehension　④ comprehensive
（立教大　文）

5 □□□
Rather than living in luxury, the president donates 80% of her salary to charity and tries to lead a (　　) life.
① costly　② frugal　③ literal　④ lucrative
（立命館大　法）

6 □□□
A novel does not necessarily take us into the deep <u>recesses</u> of a character's mind: even the best novelists look in from outside.
① secret places　② resting areas
③ joyous spots　④ inner parts
（上智大　文・総合人間科・法）

7 I'm sorry, but I couldn't focus on what you said because the
□□□ announcement on the speaker system was (　　).
① distraction　② distracting　③ distract　④ distractedly
（東海大　医）

8 I dropped a flask full of samples, (　　) spoiling the whole
□□□ experiment.
① hereafter　② thereby　③ whereas　④ wherever
（杏林大　医）

9 According to the weather forecast, a hurricane is (　　) Florida.
□□□ ① achieving　② approaching
③ preceding　④ proceeding
⑤ progressing
（東京医科大　医）

*10 Disorders of the central nervous system can (　　) various mental
□□□ and physical abnormalities.
① bring about　② cause
③ give rise to　④ lead on
⑤ result in　⑥ ALL CORRECT
（早稲田大　法）

2 **次の各文において、日本語があるものはそれを参考にしながら、それぞれ下の語句を並べかえて空所を補い、最も適当な文を完成させなさい。ただし、文頭にくるものも小文字で示してあります。１語不要の表記がある問題は、選択肢の中に不要な語が１つあります。**

1 サムはパン屋の娘が持って来るジンジャーブレッドが一切れ欲しくてたまら
□□□ ず、熱心に祈ることに決めた。
Sam (　　) (　　) (　　) (　　) (　　) (　　) to school each
day and decided to pray for it fervently.
① of　② the baker's daughter
③ brought　④ the piece
⑤ coveted　⑥ gingerbread
（上智大　理工）

2 □□□ There are a number of in-car navigation systems available in prototype form, the most (　　) (　　) (　　) (　　) (　　) to global positioning satellites.

① advanced　② are　③ linked　④ of
⑤ which　(青山学院大　文)

3 □□□ 庭は小さければ小さいほど手入れがしやすい。(1語不要)

The smaller the garden is, (　　) (　　) (　　) (　　) (　　) (　　) after it.

① care　② easier　③ is　④ it
⑤ look　⑥ the　⑦ to　(東京理科大　理)

4 □□□ We cannot rely on the results of this experiment as evidence until at least one follow-up experiment (　　) (　　) (　　) (　　) (　　) (　　) similar results.

① comparable　② conditions
③ conducted　④ gives
⑤ under　⑥ us　(中央大　法)

5 □□□ (　　) (　　) (　　) (　　) (　　) mother that I have been successful so far. (1語不要)

① I　② it　③ my　④ owe
⑤ thank　⑥ to　(津田塾大　学芸)

3 次の各文において、間違っている箇所を①～④の中からそれぞれ1つずつ選び、正しい形に変えるか削除しなさい。選択肢が①～⑤の問題は、誤りがない場合は⑤を選びなさい。

1 □□□ If you want to become good at something, ① whether it is guitar or tennis, what works is practice. Do something over and over, and your brain ② eventually masters it. But ③ if your brain could be so ready to learn ④ that you didn't have to practice something so many times? ⑤ NO ERROR　(早稲田大　社会科学)

2 □□□ While I ① appreciate his efforts ② to ensure that the concert is a success, his activities are ③ conflict with my intention to give the musicians the flexibility ④ they require.　(立教大　文)

3 □□□ However, the money customers spent when ① shopping online was still ② much fewer than the average amount they spent when shopping in an actual store, ③ despite it being ④ far easier to buy items online with the click of a button. （中央大　法）

4 □□□ Today's students ① see themselves as digital natives, the first generation to ② grow up ③ surrounded by technology ④ include smartphones, tablets and e-readers. （上智大　神・総合人間科・経済・外国語）

5 □□□ Critics ① no less than artists have broad ② interests in blended arts, ③ such as the collaboration between the opera and the ballet, and may ④ success in promoting them. （東京理科大　経営）

DAY 3

月　　日(　)

1 次の各文の、(　　)には、入れるのに最も適当なものを、下線が引いてあるものは、最も意味が近いものを、それぞれ下の①〜④(①〜⑤)のうちから1つずつ選びなさい。*が付いている問題は、適当ではない選択肢を選びなさい。すべて適当な場合は⑥の**ALL CORRECT**を選びなさい。

1 □□□ The large body of evidence indicated that he was guilty of a war crime, (　　)?
① didn't it　② didn't they　③ didn't he　④ did he　(慶応大　商)

2 □□□ His aunt's apple pie was so delicious that he had a second (　　).
① quality　② helping　③ distribution　④ amount
(中央大　国際経営)

3 □□□ We don't see ourselves as <u>opponents</u>, but some people do.
① colleagues　② innovators　③ liberals　④ rivals　(立命館大　法)

4 □□□ After the war, the family had to (　　) back on a very small income.
① drop　② fall　③ lower　④ sink　(立教大　文)

5 □□□ A coincidence in a novel can be the sign of a failed plot, though some of the greatest works of fiction <u>exploit</u> it.
① grow out of　② depend on
③ make up for　④ take off　(上智大　文・総合人間科・法)

6 □□□ The prime minister didn't <u>beat around the bush</u> when expressing her dislike of the new law.
① criticize　② argue　③ understand　④ hesitate
(東海大　医)

7 □□□ If you don't eat a well-balanced diet, you are (　　) to get sick.
① deluded　② extinct　③ immune　④ liable
(東京医科大　医／改)

8 □□□ He deserves all the credit since he was certainly the (　　) behind our project.

① brains　② head　③ ideas　④ thought

（青山学院大　法）

9 □□□ Her speech was followed by loud (　　).

① respect　② applause　③ prize　④ oppression　⑤ privilege

（法政大　経済・社会・現代福祉）

***10** □□□ It is (　　) that he will go bankrupt.

① certain　② doubtful
③ likely　④ regrettable
⑤ unfortunate　⑥ ALL CORRECT

（早稲田大　法）

2 次の各文において、日本語があるものはそれを参考にしながら、それぞれ下の語句を並べかえて空所を補い、最も適当な文を完成させなさい。ただし、文頭にくるものも小文字で示してあります。１語不要の表記がある問題は、選択肢の中に不要な語が１つあります。

1 □□□ ある活火山を観察したあとで、大自然の物にかなり接近することには否定しがたい魅力があると学んだ。

Having observed an active volcano, I learned that there is an (　　) (　　) (　　) (　　) (　　) (　　) to a piece of the wild.

① so　② undeniable　③ being　④ to　⑤ attraction　⑥ close

（上智大　文）

2 □□□ Researchers are said to resemble detectives in that they doubt everything first. They cast (　　) (　　) (　　) (　　) (　　) (　　), in order to make a breakthrough and develop a new theory.

① believe　② correct　③ doubt even　④ is　⑤ on what　⑥ they

（中央大　法）

3 □□□ In his childhood, my brother (　　) (　　) (　　) (　　) (　　) neatly almost every day.（１語不要）

① dressed　② get　③ to　④ told　⑤ was　⑥ wear

（津田塾大　学芸）

4 彼の投機事業に投資するなんて、地雷を踏むようなものだよ。

□□□ (　　)(　　)(　　)(　　)(　　)(　　)(　　)(　　)(　　).

① as well　② a landmine　③ business venture
④ as　⑤ you　⑥ invest in
⑦ step on　⑧ might　⑨ his　（獨協医科大　医）

5 確信はないが、噂ではその会社は間もなく新製品を発表するようだ。

□□□ I'm not sure, but (　　)(　　)(　　)(　　)(　　)(　　) release some new products soon.

①has　② that　③ will　④ the company
⑤ rumor　⑥ it　（青山学院大　理工）

3 **次の各文において、間違っている箇所を①～④の中からそれぞれ１つずつ選び、正しい形に変えるか削除しなさい。選択肢が①～⑤の問題は、誤りがない場合は⑤を選びなさい。**

1 □□□ Galileo's interest in science seems to ① have sprung not from any particular fascination with mathematics ② as such, but instead ③ of a keen interest in understanding how and why the universe ④ behaves in the way that it does. ⑤ NO ERROR　（早稲田大　社会科学）

2 □□□ This is because customers ① can examine and test items before buying them ② where they visit a store themselves, ③ whereas online shopping means relying on pictures and short ④ descriptions of the items.　（中央大　法）

3 □□□ Teachers, parents and policymakers certainly acknowledge its ① growing influence and ② have responded in kind. In 2009, California passed a law ③ required that all college textbooks ④ be available in electronic form by 2020.

（上智大　神・総合人間科・経済・外国語）

4 □□□ ① Having been studying for the final examination ② so hard, I find it too ③ tired to help ④ train my brother's soccer team.

（東京理科大　経営）

5 □□□ Last week I attended the workshop ① on "Community Welfare" and I was interested in your presentation about "Leadership." Have you ② by any chance written a paper regarding the topic? If so, I would very much appreciate ③ this ④ if you would kindly email me a copy.

（青山学院大　コミュニティ人間科）

DAY 4

月　　日(　)

1 次の各文の、(　　)には、入れるのに最も適当なものを、下線が引いてあるものは、最も意味が近いものを、それぞれ下の①～④(①～⑤)のうちから１つずつ選びなさい。*が付いている問題は、適当ではない選択肢を選びなさい。すべて適当な場合は⑥の**ALL CORRECT**を選びなさい。

1 □□□ The new regulations were successful in protecting local industry and, (　　), they led to the creation of many new jobs.
① just in case　② on the contrary
③ what is more　④ in other words
(慶応大　商)

2 □□□ There will be little, if (　　), trouble.
① any　② anymore　③ some　④ something
(立教大　文)

3 □□□ A truly professional bar manager makes quality service look almost (　　).
① careless　② effortless　③ helpless　④ pointless
(中央大　法)

4 □□□ It sometimes happens, especially in unsuccessful novels, that the narrators fail to <u>flesh out</u> the depths of their characters.
① help with　② increase sufficiently
③ sink into　④ fully develop
(上智大　文・総合人間科・法)

5 □□□ Construction of the new gymnasium was supposed to be completed last year, but the shortage of timber has been <u>a hindrance</u>.
① an obstacle　② an injustice
③ an adventure　④ an event
(東海大　医)

6 Of all the countries that Martha has visited, France is (　　) far her favorite.
□□□
① at　② by　③ in　④ too
⑤ with
（東京医科大　医）

7 I found the whole situation very <u>bizarre</u>.
□□□
① entertaining　② harmless
③ heartbreaking　④ strange
（立命館大）

8 Fortunately I had a good map, (　　) I would have gotten lost.
□□□
① without which　② so that
③ that's why　④ since then
⑤ and yet
（法政大　経済・社会・現代福祉）

9 This is the plan (　　) we believe will be useful for our team.
□□□
① in which　② when　③ which　④ whichever
（立命館大）

***10** We (　　) our grandfather to use a smartphone.
□□□
① convinced　② encouraged
③ persuaded　④ suggested
⑤ urged　⑥ ALL CORRECT
（早稲田大　法）

DAY 1 2 3 4 5 6 7 8 9 10 11 12 13 14 15 16 17 18 19 20

2 次の各文において、日本語があるものはそれを参考にしながら、それぞれ下の語句を並べかえて空所を補い、最も適当な文を完成させなさい。ただし、文頭にくるものも小文字で示してあります。１語不要の表記がある問題は、選択肢の中に不要な語が１つあります。

1 歴史上最初に輸血が試みられた時、人から血を採って別の人に注入することは理解できたが、その血を腐らせないよう保管することは理解されなかった。
□□□
When the blood transfusion was attempted for the first time in history, taking blood from one human and putting it in another was understood, but storing that blood (　　) (　　) (　　) (　　) (　　) (　　).
① not　② didn't　③ was　④ spoil
⑤ it　⑥ so
（上智大　文・総合人間科・法）

2 I was surprised to learn (　　)(　　)(　　)(　　)(　　) spread in the nearby forest.（1 語不要）

□□□

① about　② the fire　③ the speed　④ what
⑤ which　⑥ with

（津田塾大　学芸）

3 彼が見せた勇気は相当なものだったので、友人たちほぼ全員が強い感銘を受けた。

□□□

Such (　　)(　　)(　　)(　　)(　　)(　　)(　　)(　　)(　　).

① he　② showed　③ were deeply impressed
④ almost　⑤ the bravery　⑥ his friends
⑦ all　⑧ that　⑨ was

（獨協医科大　医）

4 (　　) the French Revolution (　　) 1789 (　　)(　　) change that swept across Europe and created the political landscape in (　　) we live today.

□□□

① a　② began　③ in　④ which
⑤ with

（青山学院大　文）

5 This hotel is not (　　)(　　)(　　)(　　)(　　)(　　) at the front desk.

□□□

① for　② deposited　③ any　④ responsible
⑤ unless　⑥ valuables

（川崎医科大　医）

3 **次の各文において、間違っている箇所を①～④の中からそれぞれ１つずつ選び、正しい形に変えるか削除しなさい。選択肢が①～⑤の問題は、誤りがない場合は⑤を選びなさい。**

1 ① Having made great effort, ② she was possible ③ to defeat last year's champion ④ and win the championship. ⑤ ALL CORRECT

□□□

（早稲田大　法）

2 It is also easier to return items ① that are purchased in a store than ones purchased online. Returning online purchases usually means ② filling out a form on the company's website, ③ making a trip to the post office to mail the item back, and then ④ wait to get your money back.

□□□

（中央大　法）

3 □□□ The Biden Association acted ① with urgency and began shipping orthopoxvirus tests ② to major labs to increase ③ in testing capacity and convenience ④ in every community. ⑤ NO ERROR

（早稲田大　社会科学）

4 □□□ ① All in all, we kicked off with ② a very successive campaign, with our message ③ reaching ④ not less than one million people.

（青山学院大　社会情報）

5 □□□ I am a student ① of Aoyama Gakuin University ② researching regional products. I would very much like to attend your marketing workshop ③ which will take ④ place on March 4, 2020.

（青山学院大　コミュニティ人間科）

DAY 5

月　　日（　）

1 次の各文の、（　　）には、入れるのに最も適当なものを、下線が引いてあるものは、最も意味が近いものを、それぞれ下の①～④（①～⑤）のうちから１つずつ選びなさい。*が付いている問題は、適当ではない選択肢を選びなさい。すべて適当な場合は⑥の**ALL CORRECT**を選びなさい。

1 □□□ As I approach the end of the third year of my undergraduate studies, I've been looking back on my education. Has my university experience been (　　) it?

① deserved　② deserving　③ worth　④ worthwhile

（慶応大　商）

2 □□□ It is a (　　) subject for students of the Faculty of Law.

① demanded　② ordered　③ requested　④ required

（立教大　文）

3 □□□ As the volcano continues to erupt, scientists are tracking the (　　) of gas coming out of the cracks in the ground.

① comparison　② composition
③ compressing　④ comprising

（中央大　法）

4 □□□ One of the traditional tasks of novelists has been to seem true to their characters' motivations, so that sympathy usually comes with <u>subtlety</u> of analysis.

① sensibility　② technique　③ capability　④ delicacy

（上智大　文・総合人間科・法）

5 □□□ The <u>allocation</u> of conference scholarships depends upon the availability of funds.

① modification　② transformation
③ distribution　④ substitution

（東海大　医）

6 □□□ I got this letter but it's (　　) for you.

① delivering　② meant　③ mistaken　④ sending

（青山学院大　法）

7 I thought life was simply splendid. I had no reason to think (　　).
□□□ ① otherwise　② the same way
③ around it　④ too
⑤ either　（法政大　経済・社会・現代福祉）

8 I won't let them know about your problem. I promise not (　　)
□□□ you want me to.
① as far as　② if　③ to unless　④ only that but also
（慶応大　商）

***9** Rules are often (　　).
□□□ ① abolished　② amended　③ broken　④ ignored
⑤ misused　⑥ ALL CORRECT　（早稲田大　法）

***10** I (　　) hiking in the mountains.
□□□ ① am not about to go　② can't stand
③ do not care for　④ prefer to not
⑤ would rather not go　⑥ ALL CORRECT　（早稲田大　法／改）

2 次の各文において、日本語があるものはそれを参考にしながら、それぞれ下の語句を並べかえて空所を補い、最も適当な文を完成させなさい。ただし、文頭にくるものも小文字で示してあります。１語不要の表記がある問題は、選択肢の中に不要な語が１つあります。

1 It is true that (　　) (　　) (　　) (　　) (　　) (　　) (　　)
□□□ their self-confidence.（１語不要）
① a　② abroad　③ as　④ build
⑤ challenge　⑥ helped　⑦ on　⑧ taking
（青山学院大　教育人間）

2 All parents like to (　　) (　　) (　　) (　　) (　　) their
□□□ accomplishments.（１語不要）
① children　② compliments
③ for　④ praised
⑤ see　⑥ their　（津田塾大　学芸）

DAY 1 2 3 4 5 6 7 8 9 10 11 12 13 14 15 16 17 18 19 20

3 □□□ These flowers (　　) (　　) through the winter more (　　) (　　) (　　).

① last　② will　③ not　④ often
⑤ than

（青山学院大　文）

4 □□□ 全ての人々が平和に暮らせるときがやってくるだろうと信じている。
(　　) (　　) (　　) (　　) (　　) (　　) (　　) (　　) (　　).

① live peacefully　② a time　③ come
④ all people　⑤ I　⑥ when
⑦ can　⑧ will　⑨ believe

（獨協医科大　医）

5 □□□ It is (　　) (　　) (　　) (　　) (　　) (　　) the growing debt.

① the government　② to take
③ on　④ action
⑤ up to　⑥ immediate

（川崎医科大　医）

3 次の各文において、間違っている箇所を①～④の中からそれぞれ1つずつ選び、正しい形に変えるか削除しなさい。選択肢が①～⑤の問題は、誤りがない場合は⑤を選びなさい。

1 □□□ ① On this occasion, ② I would like to congratulate you to be successful ③ in completing this particularly difficult course ④ in record time. ⑤ ALL CORRECT

（早稲田大　法）

2 □□□ The effort ① involves in going to a store also means that customers are ② likely to buy more of the things they need or want ③ so that they do not have to go back again later. Online stores are always open, so there is ④ no pressure to buy while browsing through items.

（中央大　法）

3 □□□ ① As researchers ② in learning and text comprehension, our recent work has focused ③ on the differences ④ from reading print and digital media.

（上智大　神・総合人間科・経済・外国語）

4 □□□ In order to raise several small but critical points which previous researchers ① failed to ② recognize, we would like to submit the ③ attached paper ④ entitle "The Educational Services in Community" for publication in *The Journal of Community Studies*.

（青山学院大　コミュニティ人間科）

5 □□□ In the days before the Tesla and SpaceX chief executive ① takes the stage of the landmark NBC show, several cast members ② have risen objections, while Musk ③ has gone directly to his 53 million Twitter followers for sketch ideas, and even ④ floated a few of his own.

（上智大　経済）

DAY 6

月　　日(　)

1 **次の各文の、(　　)には、入れるのに最も適当なものを、下線が引いてあるものは、最も意味が近いものを、それぞれ下の①～④のうちから１つずつ選びなさい。*が付いている問題は、適当ではない選択肢を選びなさい。すべて適当な場合は⑥のALL CORRECTを選びなさい。**

1 □□□ Today the concept of selling an entertainment experience is becoming common in business far (　　) from theaters and amusement parks.

① moved　② moving　③ removed　④ removing

(慶応大　商)

2 □□□ Everyone is (　　) to their opinion, but in this case the facts just don't support what you're saying.

① encountered　② encouraged
③ engaged　④ entitled　(中央大　法)

3 □□□ For much of its history, the novel has been dedicated to discovering ever more <u>discriminating</u> ways of conveying the complexities of human motivation.

① perceptive　② prejudiced　③ political　④ different

(上智大　文・総合人間科・法)

4 □□□ When Jake joined a rival basketball team, many of his fans viewed him as <u>betraying</u> them.

① being suspicious of　② being unprofessional toward
③ being surprised by　④ being disloyal to　(東海大　医)

5 □□□ They often <u>brag</u> that they inherited the fortune from their grandparents.

① boast　② emphasize　③ explain　④ state　(立命館大)

6 □□□ The open space next to my house is not a park (　　), but more like a patch of garden.

① as such　② at most　③ by itself　④ from nature

（慶応大　商）

7 □□□ John turned at the sound of Janet's footsteps, and his face, which had been sober, (　　) up.

① lit　② made　③ rose　④ went　（上智大　理工）

8 □□□ You didn't notice how depressed she got when you gave her the (　　) shoulder, did you?

① fashion　② cold　③ angry　④ distant　（関西学院大）

***9** □□□ I am (　　) of repeating the same procedure every day.

① capable　② fond　③ keen　④ sick

⑤ tired　⑥ ALL CORRECT　（早稲田大　法）

***10** □□□ Some people are particularly good at identifying and (　　) assumptions.

① challenging　② defying

③ disagreeing　④ questioning

⑤ verifying　⑥ ALL CORRECT　（早稲田大　法／改）

2 次の各文において、日本語があるものはそれを参考にしながら、それぞれ下の語句を並べかえて空所を補い、最も適当な文を完成させなさい。2語不要の表記がある問題は、選択肢の中に不要な語が2つあります。

1 □□□ 高橋先生はかつてこう言われたものだ――「若者の教育に関わらない仕事だとしたら、教えるという行為の意味はない」と。

Mr. Takahashi used to say: "What is the act of (　　) (　　) (　　) (　　) (　　) (　　) the education of young people?"

① not　② if　③ concerning　④ task

⑤ teaching　⑥ a　（上智大　文・総合人間科・法）

2 □□□ 彼女は「求めなさい、そうすれば与えられるでしょう」という聖書の箇所を読んで、その聖句は熱心な祈りは叶えられるということを意味すると解釈した。

She read "Ask, and it shall be given you" from the Bible and (　　) (　　) (　　) (　　) (　　) (　　) be answered.

① interpreted　② would　③ the verse　④ earnest prayer
⑤ that　⑥ to mean　（上智大　理工）

3 □□□ The transition from (　　) (　　) (　　) (　　) (　　) (　　) in many economies.

① alternative energy is　② from
③ a smooth one　④ fossil fuels
⑤ far　⑥ to　（川崎医科大　医）

4 □□□ 私は15歳か16歳のころとても自意識が強くなって、母と買い物に出かけたとき、周りの人から親子に見られると思うときまりが悪かった。

I was getting so self-conscious at the age of 15 or 16 that (　　) (　　) (　　) (　　) (　　) (　　) a mother and son was awkward for me when we went shopping together.

① taken　② thought　③ for　④ being
⑤ of　⑥ the　（上智大　文・総合グローバル）

5 □□□ グレースが帰ってきた時、ダニエルは勝手に彼女のブランディを飲んでいた。

When Grace came home, (　　) (　　) (　　) (　　) (　　) (　　) her brandy. (2語不要)

① been　② Daniel　③ drinking　④ had
⑤ helping　⑥ himself　⑦ permission　⑧ to　（東京理科大　理）

3 次の各文において、間違っている箇所を①～④の中からそれぞれ１つずつ選び、正しい形に変えるか削除しなさい。選択肢が①～⑤の問題は、誤りがない場合は⑤を選びなさい。

1 □□□ ① <u>What made that film interested to me</u> ② <u>was the way in which</u> ③ <u>it pushed me to question</u> ④ <u>my assumptions about justice</u>. ⑤ ALL CORRECT
（早稲田大　法）

2 □□□ While new forms of classroom technology ① like digital textbooks are more accessible and portable, ② which would be wrong to assume that students will automatically be better served by digital reading simply ③ because they prefer ④ it.

（上智大　神・総合人間科・経済・外国語）

3 □□□ You studied ① both French and Spanish last year, so you cannot study ② neither Korean or Chinese this year. You can ③ only study German. During one of the next two years, you can study ④ either Russian or English.

（青山学院大　コミュニティ人間科）

4 □□□ If you're like ① most people who find it hard to shed job stress, you dump it on those ② closest to you. But that doesn't have to be the case. Think of it this way, your job stress ③ belongs to you — nobody else. Therefore, it's your responsibility to ④ deal it, not someone else's.

（上智大　経済）

5 □□□ The beach seemed empty when we arrived. But almost instantly, we were ① surrounded by a large group of children ② selling straw hats. I didn't want to buy something I ③ wasn't sure I'd need. But now I'm glad I ④ do. My friend, who didn't, said she got serious sunburn.

（中央大　法）

DAY 7

月　　日（　）

1 次の各文の、(　　)には、入れるのに最も適当なものを、下線が引いてあるものは、最も意味が近いものを、それぞれ下の①〜④のうちから１つずつ選びなさい。*が付いている問題は、適当ではない選択肢を選びなさい。すべて適当な場合は⑥の**ALL CORRECT**を選びなさい。

1 We were quite stunned by their failure.
□□□ ① excited　② scared　③ shocked　④ worried　（立命館大）

2 Many millions of people still lack the most basic (　　) to lead a
□□□ healthy life free of hunger and disease.
① mean　② meaning　③ means　④ meant　（中央大　法）

3 It sometimes seems that the anti-hero is more at home and in fact
□□□ attractive in novels than the hero.
① comforting　② acceptable　③ relaxed　④ timid
（上智大　文・総合人間科・法）

4 By following my instructions to the letter, Maki completed the
□□□ research project successfully.
① excitedly　② exactly　③ explosively　④ expressively
（東海大　医）

5 If, in the future, you (　　) unable to make it to the conference,
□□□ would you telephone to inform us?
① were　② can be　③ would be　④ should be
（青山学院大　社会情報）

6 Violence in this country is geographically (　　) in certain areas.
□□□ ① concentrated　② condensed
③ contaminated　④ contracted　（慶応大　商）

7 □□□ She had been afraid that they would find nothing to say to each other, and her fear was well-grounded. They sat at the table in total (　　).

① argument　② engagement
③ fear　④ silence　（上智大　理工）

8 □□□ The painting is (　　) colorful for my taste.

① almost as　② far too　③ just as　④ not so　（立命館大）

***9** □□□ The teacher had to (　　) the answer several times.

① check　② explain　③ repeat　④ tell
⑤ write　⑥ ALL CORRECT　（早稲田大　法／改）

***10** □□□ There are many ways to turn a failure into a (　　).

① chance　② prosperity　③ success　④ triumph
⑤ victory　⑥ ALL CORRECT　（早稲田大　法）

2 次の各文において、日本語があるものはそれを参考にしながら、それぞれ下の語句を並べかえて空所を補い、最も適当な文を完成させなさい。ただし、文頭にくるものも小文字で示してあります。１語不要の表記がある問題は、選択肢の中に不要な語が１つあります。

1 □□□ 深夜にカラオケパーティーをしないでほしいのですが。

(　　)(　　)(　　)(　　)(　　)(　　) a karaoke party in the middle of the night.

① would　② you　③ rather　④ have
⑤ didn't　⑥ I　（青山学院大　経済）

2 □□□ ウィリアム・シェイクスピア以上に伝記的事実が知られている同時代の劇作家はベン・ジョンソンを除いて他にない。

More biographical facts are known about (　　)(　　)(　　)(　　)(　　)(　　) except Ben Jonson.

① any other　② of the period
③ than　④ playwright
⑤ about　⑥ William Shakespeare　（上智大　理工）

DAY 1 2 3 4 5 6 7 8 9 10 11 12 13 14 15 16 17 18 19 20

3 "Walkability" is a word used (　　)(　　)(　　)(　　)(　　)(　　).
□□□
① an area is　② the degree
③ pedestrians　④ to describe
⑤ to which　⑥ friendly to
（川崎医科大　医）

4 ヴァネッサの優しさはランドルフにとって益というよりも害になるだろう。
□□□ Vanessa's kindness (　　)(　　)(　　)(　　)(　　)(　　)(　　)(　　). (１語不要)
① be　② do　③ for　④ good
⑤ harm　⑥ more　⑦ Randolph　⑧ than
⑨ would
（東京理科大　理）

5 Mark insisted on going ahead with the plan despite (　　)(　　)(　　)(　　)(　　). (１語不要)
□□□
① him　② my　③ not　④ saying
⑤ telling　⑥ to
（津田塾大　総合政策）

3 次の各文において、間違っている箇所を①～④の中からそれぞれ１つずつ選び、正しい形に変えるか削除しなさい。選択肢が①～⑤の問題は、誤りがない場合は⑤を選びなさい。

1 ① Why weren't you able to get someone else ② to cover your shift
□□□ ③ while you were away ④ caring for your ill mother? ⑤ ALL CORRECT
（早稲田大　法）

2 Our work ① has revealed a significant difference. Students said
□□□ they ② preferred and performed better when ③ read on screens. But their actual performance ④ tended to suffer.
（上智大　神・総合人間科・経済・外国語）

3 □□□ "The Hakone Ekiden," the Tokyo-Hakone Round-Trip College Ekiden Race, is a ① 2-days relay race among teams of university male runners. The race is divided ② into 10 stages, five going to Hakone on Day 1, and five coming back to Tokyo on Day 2. Each ③ stage of the race is ④ run by a different runner, and the exchanges between runners are made at designated points.

（青山学院大　コミュニティ人間科）

4 □□□ Well ① established science has shown that first-name self-talk — the way you ② speak to someone else, ③ referring to yourself *by name* instead of as "*I*" — is a self-regulatory mechanism that creates psychological distance from ④ angry, stressors or frustration.

（上智大　経済）

5 □□□ When the first postage stamps ① were issued in the 1840s, ② it followed almost identical standards of shape, size and general subject matter. They were rectangular ③ in shape. They ④ bore the images of monarchs and political figures.

（中央大　法）

DAY 8

月　　日(　)

1 次の各文の、(　　)には、入れるのに最も適当なものを、下線が引いてあるものは、最も意味が近いものを、それぞれ下の①～④のうちから１つずつ選びなさい。*が付いている問題は、適当ではない選択肢を選びなさい。

1 □□□ The important issue that the EPI report doesn't (　　) is whether it is a good idea to (　　) CEO compensation (　　) the casino that is the stock market.

① give up ... put ... off　② compose ... criticize ... against
③ concern ... fool ... by　④ bring up ... tie ... to　(慶応大　商)

2 □□□ Some of the visitors were pulled aside and interviewed about how income disparities had played (　　) in their lives.

① beyond　② down　③ out　④ under

(中央大　法／改)

3 □□□ Most of the recent novels have a main character whose fortunes we follow, but in most cases they are <u>notably</u> unheroic.

① unusually　② notoriously　③ remarkably　④ horribly

(上智大　文・総合人間科・法)

4 □□□ My parents told me to stop <u>hanging out</u> with those boys.

① associating　② parting　③ sympathizing　④ quarreling

(東海大　医)

5 □□□ The doctor advised John to <u>refrain</u> from drinking alcohol.

① abstain　② maintain　③ obtain　④ retain

(青山学院大　社会情報)

6 □□□ This unique history book covers a 60-year period, telling the story of the American South decade (　　) decade.

① by　② from　③ in　④ of　(中央大　統一入試)

7 Protestantism helped to make Britain's <u>successive</u> wars against France after 1689 significant in terms of national formation.
□□□
① consecutive ② explosive
③ flourishing ④ fruitful （上智大　文・総合グローバル）

8 John has been interested in action movies of (　　).
□□□
① late ② least ③ little ④ long （青山学院大）

9 Tom's mother is (　　) up with his bad grades.
□□□
① fed ② feeding ③ filled ④ filling （学習院大　文）

***10** They (　　) the development of the program.
□□□
① accelerated ② accepted
③ accommodated ④ accomplished
⑤ accounted （早稲田大　法）

2 次の問いにおいて、日本語があるものはそれを参考にしながら、それぞれ下の語句を並べかえて空所を補い、最も適当な文を完成させなさい。１語不要の表記がある問題は、選択肢の中に不要な語が１つあります。

1 弁護士が言葉に気を使ったにもかかわらず、その演説は無罪を確信しているところから来る迫力に欠けていた。
□□□
For all the care of words by the lawyer, her speech lacked that vital spark that (　　)(　　)(　　)(　　)(　　)(　　).
① innocence ② assurance ③ the ④ of
⑤ from ⑥ comes （上智大　文・総合人間科・法）

2 The teacher was particularly (　　)(　　)(　　)(　　)(　　)(　　)(　　).
□□□
① that ② behave ③ students ④ anxious
⑤ his ⑥ should ⑦ themselves （青山学院大　文）

3 U.S. sales of new DVDs fell by 20 percent this year; (　　)(　　)(　　)(　　)(　　) a prolonged recession.（１語不要）
□□□
① behind ② due ③ is ④ it
⑤ lies ⑥ what （青山学院大　教育人間）

4 My sister is grateful to (　　)(　　)(　　)(　　)(　　) give
□□□ her a ride every morning.（1語不要）
① for　② nicely　③ offer　④ to
⑤ you　⑥ your　（津田塾大　総合政策）

5 スープのおかわりは無料ですか。
□□□ Is (　　)(　　)(　　)(　　)(　　)(　　)?
① helping　② a　③ soup　④ of
⑤ free　⑥ second　（青山学院大　理工）

3 次の各文において、間違っている箇所を①～④の中からそれぞれ1つずつ選び、正しい形に変えるか削除しなさい。選択肢が①～⑤の問題は、誤りがない場合は⑤を選びなさい。

1 During periods of ① prolonged heat and rain, the body ② loses
□□□ energy and as a result we ③ became more susceptible to ④ illness.
⑤ NO ERROR　（早稲田大　社会科学）

2 ① While this research project ② carries out as an independent piece
□□□ of work, students ③ will have an allocated mentor, ④ who will be providing one-to-one support and supervising their work in progress.　（上智大　経済）

3 ① Just as there is more than one reason ② to save a forest, ③ there
□□□ is more than one benefit ④ to protecting the ocean. ⑤ ALL CORRECT　（早稲田大　法）

4 Then ① meditate on your appreciation for each item and visualize
□□□ anything you've ② take for granted — things or people, ③ even pets that if you didn't have ④ would leave your life empty and meaningless.　（上智大　経済）

5 People of the Western world, particularly Americans, tend ① to
□□□ think of time ② as something ③ fixing in nature, something around us and ④ from which we cannot escape: an ever-present part of the environment, just like the air we breathe.　（中央大　法）

DAY 9

月　　日(　)

1 次の各文の、(　　)には、入れるのに最も適当なものを、下線が引いてあるものは、最も意味が近いものを、それぞれ下の①～④のうちから１つずつ選びなさい。*が付いている問題は、適当ではないものを選びなさい。

1 □□□ It (　　) occurred to me that he (　　) miss the chance.
① has ... never　② never ... might
③ were ... would　④ will have ... does
(慶応大　商)

2 □□□ The potential of online education is dazzling. Anyone, (　　) rich or poor, or young or old, can access the world's best courses, watch the greatest lectures, and study those subjects they had always dreamed about.
① even if　② neither　③ no matter how　④ whoever
(中央大　法)

3 □□□ A novel is complete without a <u>revelation</u> when what we have already read shifts its significance.
① result　② surprise　③ shock　④ conclusion
(上智大　文・総合人間科・法)

4 □□□ Shaun worked very hard trying to <u>live up to</u> his coach's expectations.
① characterize　② fulfill
③ impose　④ remember
(東海大　医)

5 □□□ Many young students have <u>damaged</u> their hearing from listening to extremely loud rock music.
① impaired　② imposed　③ incubated　④ inhabited
(青山学院大　社会情報)

6 A report from the Economic Policy Institute calls (　　) to the fact
□□□ that America's corporate CEOs earned on (　　) $18.9 million in 2017.

① indication ... income　② forth ... estimate
③ note ... amount　④ attention ... average　(慶応大　商)

7 The figures have to be (　　) when you make a financial plan for
□□□ the future of this company.

① kept from a broader perspective
② kept on perspective
③ put all sense of perspective
④ put into perspective　(上智大　理工)

8 You cannot go on living (　　) your means.
□□□ ① at　② beyond　③ by　④ in　(立教大　理)

9 The invention of the jet engine (　　) a new era in aircraft
□□□ development.

① challenges　② marks　③ pushes　④ turns
(中央大　統一入試)

***10** Would you (　　) me a letter of recommendation?
□□□ ① be kind enough to write　② be willing to write
③ do me a favor for writing　④ please consider writing
⑤ mind writing　(早稲田大　法)

2 次の各文において、日本語があるものはそれを参考にしながら、それぞれ下の語句を並べかえて空所を補い、最も適当な文を完成させなさい。ただし、文頭にくるものも小文字で示してあります。１語不要の表記がある問題は、選択肢の中に不要な語が１つあります。

1 □□□ 私は一斉に叫ぶ声が引き起こした騒ぎにショックを受けた――それは怒りというより、憐れむような声だったからだ。

I was shocked by a (　　) (　　) (　　) (　　) (　　) (　　), more in pity than in anger.

① by　② commotion　③ of
④ a chorus　⑤ caused　⑥ shouting voices

（上智大　文・総合人間科・法）

2 □□□ 自身の悪い習慣の中で、やめるのが最も困難なものはどれだと思いますか。

(　　) (　　) (　　) (　　) (　　) (　　) (　　) (　　) (　　)?

① the　② your bad habits　③ do you
④ which of　⑤ get rid of　⑥ difficult
⑦ most　⑧ to　⑨ find　（獨協医科大　医）

3 □□□ Now that Hana had solved the most difficult problem of her life, she felt she had (　　) (　　) (　　) (　　) (　　) her.（１語不要）

① a　② ahead　③ before　④ bright
⑤ future　⑥ of

（津田塾大　総合政策）

4 □□□ (　　) young people (　　) for (　　) decisions is an important part of their development — something we all need to be (　　) (　　).

① giving　② of　③ responsibility　④ aware
⑤ making

（青山学院大　文）

5 □□□ Modesty or humility is (　　) (　　) (　　) (　　) (　　) (　　) in Japan.

① important　② of　③ proper behavior　④ aspects
⑤ the most　⑥ one of

（筑波大）

3 次の各文において、間違っている箇所を①～④の中からそれぞれ１つずつ選び、正しい形に変えるか削除しなさい。選択肢が①～⑤の問題は、誤りがない場合は⑤を選びなさい。

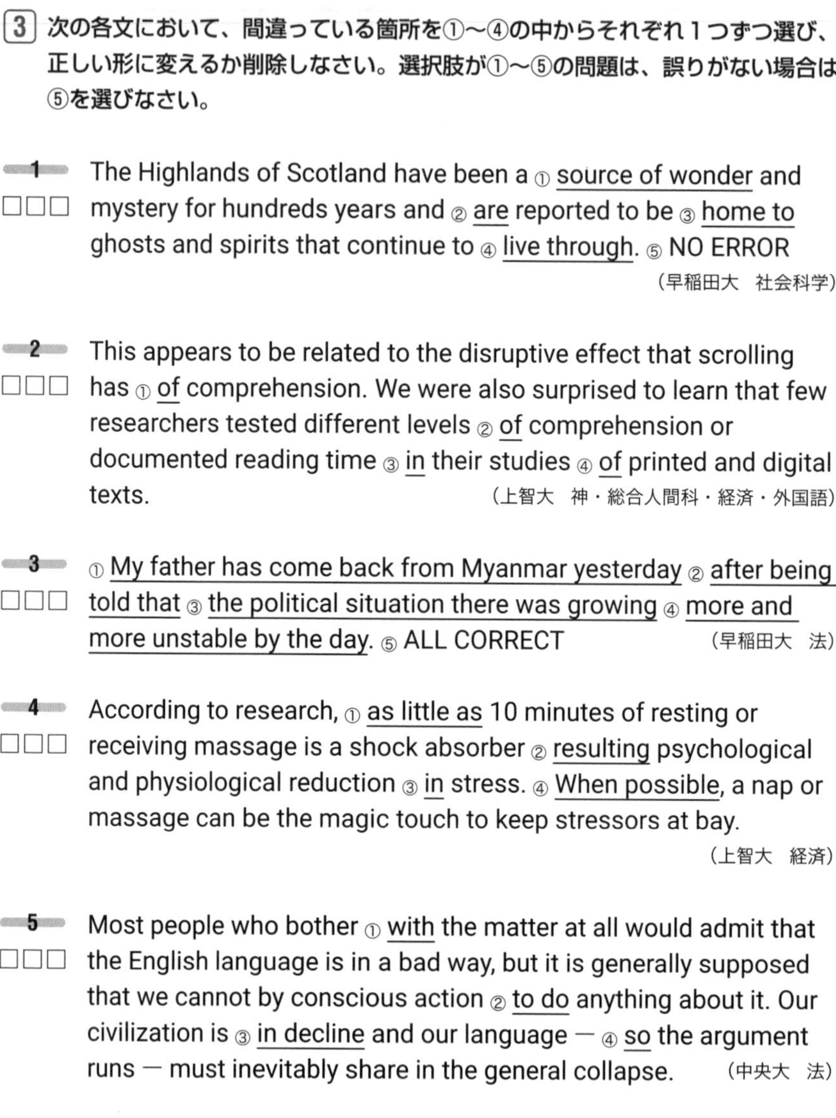

1 □□□ The Highlands of Scotland have been a ① source of wonder and mystery for hundreds years and ② are reported to be ③ home to ghosts and spirits that continue to ④ live through. ⑤ NO ERROR

（早稲田大　社会科学）

2 □□□ This appears to be related to the disruptive effect that scrolling has ① of comprehension. We were also surprised to learn that few researchers tested different levels ② of comprehension or documented reading time ③ in their studies ④ of printed and digital texts.

（上智大　神・総合人間科・経済・外国語）

3 □□□ ① My father has come back from Myanmar yesterday ② after being told that ③ the political situation there was growing ④ more and more unstable by the day. ⑤ ALL CORRECT

（早稲田大　法）

4 □□□ According to research, ① as little as 10 minutes of resting or receiving massage is a shock absorber ② resulting psychological and physiological reduction ③ in stress. ④ When possible, a nap or massage can be the magic touch to keep stressors at bay.

（上智大　経済）

5 □□□ Most people who bother ① with the matter at all would admit that the English language is in a bad way, but it is generally supposed that we cannot by conscious action ② to do anything about it. Our civilization is ③ in decline and our language — ④ so the argument runs — must inevitably share in the general collapse.

（中央大　法）

DAY 10

月　日(　)

1 次の各文の、(　　)には、入れるのに最も適当なものを、下線が引いてあるものは、最も意味が近いものを、それぞれ下の①〜④(①〜⑤)のうちから1つずつ選びなさい。

1 □□□ With all (　　) respect to Mr. Lee, I doubt whether Einstein's theories are relevant to this question.
① due　② high　③ mutual　④ probable
(中央大　法)

2 □□□ Novels are often filled with contradictions, but they cast a <u>glow</u> upon it and inspire book lovers.
① hint　② doubt　③ brightness　④ focus
(上智大　文・総合人間科・法)

3 □□□ (　　) was the force of the explosion that four of the room's windows were blown out.
① Such　② Rather　③ What　④ Quite　(東海大　医)

4 □□□ The Japanese summer is <u>hot and humid</u>.
① arid　② freezing　③ hazy　④ sultry
(青山学院大　社会情報)

5 □□□ The numbers (　　) not only the way companies are run, but also (　　) in the structure of the US economy.
① point ... substance　② reflect ... changes
③ deprive ... attraction　④ subtract ... improvements
(慶応大　商)

6 □□□ It is (　　) to accept gifts from clients when we make major decisions for the future.
① against my principles　② contradicting my own principle
③ off my principles　④ out of my principle purposes
(上智大　理工)

7 There is a marked discrepancy between their statements. Does one of them deliberately withhold certain facts?
□□□
① conceal　② contradict　③ distort　④ stress
（上智大　文・総合グローバル）

8 (　　) trains in Japan are on time, but today the train was seven minutes late because of an accident.
□□□
① Almost　② Although　③ Hardly　④ Occasionally
⑤ Usually
（早稲田大　法）

9 This new school has courses for children and adults (　　).
□□□
① alike　② either　③ neither　④ unlike
（立命館大）

10 In (　　) follows, I will briefly summarize the main points.
□□□
① what　② which　③ every　④ any
（関西学院大　社会・法）

2 次の各文において、日本語があるものはそれを参考にしながら、それぞれ下の語句を並べかえて空所を補い、最も適当な文を完成させなさい。ただし、文頭にくるものも小文字で示してあります。１語不要の表記がある問題は、選択肢の中に不要な語が１つあります。

1 研究経験のある産科医は経験のない医者に比べて、圧倒的にベッドでの療養を推奨する傾向にある。
□□□
Obstetricians who have research experience are far more likely to recommend bed (　　) (　　) (　　) (　　) (　　).
① who　② rest　③ those　④ don't
⑤ than
（上智大　文・総合グローバル）

2 人間の活動が地球温暖化をもたらしているという証拠がますます増えてきている。

□□□

(　　) (　　) (　　) (　　) (　　) (　　) (　　) (　　) (　　) higher.

① global　② human activities　③ is
④ there　⑤ temperatures　⑥ that
⑦ are making　⑧ growing　⑨ evidence

（獨協医科大　医）

3 The class leader was relied (　　) (　　) (　　) (　　) (　　) one person, who was a new student.（1語不要）

□□□

① by　② everyone　③ except　④ for
⑤ not　⑥ on

（津田塾大　総合政策）

4 While we may think of time as fixed and beyond an individual's (　　), in (　　) (　　) of time are very much a (　　) (　　).

□□□

① reality　② perceptions
③ convention　④ control
⑤ social

（青山学院大　文）

5 哲学的に考えることは、人生とは何かということを理解するのに役立つ。

□□□

Philosophical thinking helps (　　) (　　) (　　) (　　) (　　) (　　) (　　) (　　).

① figure　② what　③ is　④ about
⑤ you　⑥ all　⑦ life　⑧ out

（関西学院大）

3 次の各文において、間違っている箇所を①〜④の中からそれぞれ1つずつ選び、正しい形に変えるか削除しなさい。選択肢が①〜⑤の問題は、誤りがない場合は⑤を選びなさい。

1 He ① has left the office a moment ago, so ② could you ③ chase after him ④ right away?

□□□

（青山学院大　社会情報）

DAY 1 2 3 4 5 6 7 8 9 **10** 11 12 13 14 15 16 17 18 19 20

2 □□□ ① To explore these patterns ② further, we conducted three studies. Students ③ previous rated their medium preferences. After reading two passages, one online and one in print, these students ④ then completed three tasks. （上智大　神・総合人間科・経済・外国語）

3 □□□ ① Smiling warmly, the stranger turned as if to speak to me, ② but I, lacking the courage to respond, ③ kept on to walking, ④ thus spoiling his friendly gesture. ⑤ ALL CORRECT （早稲田大　法）

4 □□□ We live in a world divided ① by borders. The daily news is filled ② in controversies concerning the political, cultural, and economic borders that cross the Earth's surface. Borders are central features ③ in current international disputes related ④ to security, migration, trade, and national resources. （中央大　法）

5 □□□ ① Did I hear you say that ② on Saturday you were more interested ③ in attending the lecture with Judy than ④ go to the library with Carol? （立教大　異文化コミュニケーション・経済・法）

DAY 11

月　　日(　)

1 次の各文の、(　　)には、入れるのに最も適当なものを、下線が引いてあるものは、最も意味が近いものを、それぞれ下の①～④(①～⑤)のうちから1つずつ選びなさい。

1 □□□ A key component in designing a research project is identifying particular concerns or issues to (　　).

① address　② arise　③ bring　④ come up

(中央大　法)

2 □□□ Compared to larger human issues ― war, famine, disease, cruelty, capital crime ― controlling and cleaning up after pets is <u>small potatoes</u>.

① critical　② funny　③ major　④ unimportant

(上智大　文・総合グローバル)

3 □□□ Much of what we eat contains artificial (　　) these days.

① costumes　② flames　③ ingredients　④ wallets　(立命館大)

4 □□□ Dennis was <u>taken aback</u> when he heard that Amy was thinking of suing him.

① surprised　② amused　③ interested　④ satisfied

(東海大　医)

5 □□□ These seeds will <u>sprout</u> if you take care of them properly.

① germinate　② innate　③ mutate　④ propagate

(青山学院大　社会情報)

6 □□□ Feedback that shows gamblers their losses can counteract their faulty memory of wins versus losses. This is, (　　), why many companies that profit from providing online gambling opportunities don't give their customers any feedback whatsoever.

① no doubt　② far more　③ no way　④ far above

(慶応大　商)

7 The voters (　　) for her good performance as the Minister of Finance.
□□□
① hold her in high regard　② gave her the best honor
③ showed her high respect　④ paid her great admiration
（上智大　理工）

8 The reason he gave was (　　) a false alibi to confuse the police.
□□□
① no less than　② not less than
③ no more than　④ not more than　（立教大）

9 Will you (　　) me a visit when you travel to Italy this summer?
□□□
① get　② have　③ offer　④ pay
⑤ take　（早稲田大　法）

10 Both sides must learn to (　　) to gain lasting peace.
□□□
① compromise　② fragment
③ leap　④ orbit　（立命館大　法）

2 次の各文において、日本語があるものはそれを参考にしながら、それぞれ下の語句を並べかえて空所を補い、最も適当な文を完成させなさい。１語不要の表記がある問題は、選択肢の中に不要な語が１つあります。

1 彼はこれまで何度もこの高鳴る旋律を耳にしてきたが、そのときほど強く心を揺さぶられたことは一度もなかった。
□□□
Never, in the many times that he had listened to this rush of harmonies, (　　) (　　) (　　) him (　　) they (　　) then.
① did　② as　③ they　④ had
⑤ affected　（上智大　文・総合グローバル）

2 彼は謝りたくなかったのではなく、むしろ、謝るのにより良い機会を待っていたのです。
□□□
It (　　) (　　) (　　) (　　) (　　) (　　) (　　) (　　) (　　) a better opportunity to apologize.
① that　② wasn't　③ as that　④ waiting for
⑤ he didn't　⑥ so much　⑦ want to　⑧ he was
⑨ apologize　（獨協医科大　医）

3
□□□ The damage to the ecosystem (　　)(　　)(　　)(　　)(　　) continuous efforts to protect it.（1 語不要）

① irreversible　② is　③ of　④ our
⑤ provided　⑥ regardless

（津田塾大　総合政策）

4
□□□ Scientific research (　　)(　　)(　　)(　　)(　　) from superstitions.

① dedicated　② is　③ distancing　④ to
⑤ humanity

（青山学院大　文）

5
□□□ 地球の中心部は、科学者の推定では太陽よりも熱い液体に囲まれている。
The Earth's core (　　)(　　)(　　)(　　)(　　)(　　) estimate is hotter than the sun.

① by　② is
③ liquid　④ scientists
⑤ surrounded　⑥ that

（中央大　経済）

3 次の各文において、間違っている箇所を①～④の中からそれぞれ１つずつ選び、正しい形に変えるか削除しなさい。選択肢が①～⑤の問題は、誤りがない場合は⑤を選びなさい。

1
□□□ Writing, ① to be effective, must closely follow the thoughts and intentions of the author, but not ② necessarily in the order ③ in which these thoughts ④ occur. ⑤ NO ERROR

（早稲田大　社会科学）

2
□□□ These were to ① describe the main idea of the passages, list key points ② covered in the readings and ③ provided any other relevant content they ④ could recall.

（上智大　神・総合人間科・経済・外国語）

3
□□□ ① Why are you concern yourself ② with all the gossiping ③ when you know full well that ④ there is no basis for any of that nonsense? ⑤ ALL CORRECT

（早稲田大　法）

4 □□□ Computers ① increasingly deal just with abstract data like credit-card details and databases, but also with the real world of ② physical objects and vulnerable human bodies. A modern car is a ③ computer on wheels; an aeroplane is a ④ computer with wings.

（中央大　法）

5 □□□ In ① the absent of any definite evidence, the man was found innocent and ② set free even though ③ almost everyone thought he ④ was responsible for the crime. ⑤ NO ERROR

（早稲田大　社会科学）

DAY 12

月　　日(　)

1 次の各文の、(　　)には、入れるのに最も適当なものを、下線が引いてあるものは、最も意味が近いものを、それぞれ下の①～④のうちから１つずつ選びなさい。

1 □□□ Each new large wave of immigration has remade American cooking (　　), making it richer and more creative.
① against the worse　② for the better
③ into the better　④ over the worse　(中央大　法)

2 □□□ Here is one more readily observable proof that the habits of societies and the minds of people can change in favor of the common good.
① in contact with　② in opposition to
③ in preparation for　④ in support of
(上智大　文・総合グローバル)

3 □□□ Economic growth, given certain conditions, can alleviate poverty in the long run.
① bypass　② imply　③ demand　④ lessen　(東海大　医)

4 □□□ I'm not sure that was an impartial decision.
① a caring　② a contemporary
③ a fair　④ an outrageous　(立命館大)

5 □□□ Some scientists who regularly see women with communication problems have (　　) their remarkable ability to camouflage their symptoms.
① stood by with　② made up for
③ picked up on　④ came up with
(上智大　文・法・総合人間)

6 □□□ None of the students wanted (　　) teacher to retire, but there was no choice.
① all　② both　③ either　④ neither　(立教大)

7 Because he ran so (　　), he arrived at the station on time.
□□□ ① corruptly　② frantically　③ interactively　④ spiritually

（立命館大）

8 We found the Tanzanian law enforcers so (　　), because the
□□□ country is plagued by the worst elephant hunting.
① watchful　② powerful　③ lawful　④ dutiful

（上智大　文・法・総合人間）

9 The government's announcement of the changes to trade
□□□ regulations was deliberately timed to (　　) with the start of elections.
① coincide　② conspire　③ deliver　④ repeat

（学習院大　経済・国際社会科）

10 Can I go to the party in jeans? I don't feel (　　).
□□□ ① getting changed　② wearing off
③ like getting changed　④ like wearing off

（関西学院大　社会・法）

2 次の各文において、日本語があるものはそれを参考にしながら、それぞれ下の語句を並べかえて空所を補い、最も適当な文を完成させなさい。

1 その列車事故であたり一面大混乱となったが、私はこの悲惨な状況のなか、
□□□ 最善と思われることをやっている。
The train accident having caused chaos all over the place, I am doing what (　　) (　　) (　　) (　　) (　　) (　　) a situation.
① tragic　② in　③ best　④ consider
⑤ I　⑥ so　（上智大　文・総合グローバル）

2 The apple pie (　　) this restaurant (　　) (　　) (　　) (　　).
□□□ ① second　② at　③ to　④ is
⑤ none　（青山学院大　文）

3 □□□ The reporter (　　) (　　) (　　) (　　) (　　) (　　) the skiing accident.

① had witnessed　　② interviewed
③ she　　④ thought
⑤ the people　　⑥ who　　(獨協大)

4 □□□ チャレンジャー号の乗船者達の最大の発見は、その当時知られていた海底で最も深い場所を突き止めたことだった。

The biggest discovery of (　　) (　　) (　　) (　　) (　　) (　　) (　　) (　　) (　　) known at that time.

① the Challenger　　② identified　　③ in the sea
④ that　　⑤ aboard　　⑥ was
⑦ the deepest place　　⑧ those　　⑨ they　　(獨協医科大　医)

5 □□□ Most studies of world food problems (　　) (　　) (　　) and (　　) consumption for (　　).

① production　② took　③ concentrated　④ on
⑤ granted　　(青山学院大　文)

3 次の各文において、間違っている箇所を①～④の中からそれぞれ１つずつ選び、正しい形に変えるか削除しなさい。選択肢が①～⑤の問題は、誤りがない場合は⑤を選びなさい。

1 □□□ Some sociologists ① maintain that ② pressure to conform to group norms ③ make individuals in a group ④ behave similarly. ⑤ NO ERROR　　(早稲田大　社会科学)

2 □□□ ① Being of a practical mind-set, ② the students think it useless to study theory ③ until they realize ④ that the theories influence on practice. ⑤ ALL CORRECT　　(早稲田大　法)

3 □□□ What do we mean ① for 'communication'? The oldest meaning of the word, in English, can be summarized ② as the passing of ideas, information, and attitudes from person to person. But, later, 'communication' came also ③ to mean a line or channel ④ between places.　　(中央大　法)

4 We ① <u>have been taught</u> that stress causes ② <u>all kinds of</u> physical
□□□ problems, ③ <u>to range</u> from high blood pressure ④ <u>to</u> depression.

（立教大　経済・観光・コミュニティ福祉）

5 Tourism researchers acknowledge that ① <u>lest</u> tourism is beneficial
□□□ to local and regional economies, it also creates ② <u>a number of</u> social, economic and cultural impacts — problems ③ <u>that can be</u> harmful ④ <u>to</u> host societies.

（上智大　文・総合人間科・法）

DAY 13

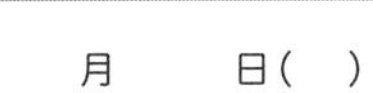

月　　日(　)

1 次の各文の、(　　)には、入れるのに最も適当なものを、下線が引いてあるものは、最も意味が近いものを、それぞれ下の①〜④のうちから１つずつ選びなさい。

1 □□□ He was (　　) in the way of peace with his stubborn refusal to come to an agreement over land.

① standing　② stopping　③ walking　④ wondering

(中央大　法)

2 □□□ In my pocket as I walk is a trilobite, which I carry and turn over in my fingers as a <u>talisman</u>.

① candy　② charm　③ coin　④ ring

(上智大　文・総合グローバル)

3 □□□ In the modern world, media literacy is as (　　) language and math are.

① a skill crucial as　② a crucial skill as
③ crucial as a skill　④ crucial a skill as

(東海大　医)

4 □□□ My father is proud of the <u>satisfactory</u> work he completed.

① coherent　② collaborative
③ competent　④ consequent

(青山学院大　社会情報)

5 □□□ She gave the children some chocolate to (　　) during the solemn ceremony.

① award them since they behave well
② award them to behave well
③ reward them for behaving well
④ reward them in sake for their behaving well

(上智大　理工)

6 □□□ Russell and Whitehead tried to show that all of mathematics could be built up from the (　　) up using basic, indisputable logic.

① foot　② start　③ root　④ ground

(上智大　文・法・総合人間)

7 He inherited <u>a lucrative</u> business from his father.

□□□ ① a profitable ② a prominent

③ a specialized ④ an unsuccessful （立命館大）

8 The results of our research will be detailed in the February ( ) of the journal.

□□□

① editor ② publish ③ issue ④ deliver （川崎医科大）

9 Mr. Smith is such an efficient person that he wasted no time in ( ) the point of the meeting.

□□□

① coming to ② discussing about

③ reaching out ④ taking down

（上智大　文・法・総合人間）

10 Ryan said to me, "It's a beautiful day!" and ( ) for a walk.

□□□ ① invited me going ② invited to go

③ suggested going ④ believed to go （関西学院大　社会・法）

2 **Use ALL the words and phrases provided in the underlined sections to complete the sentences to fit the context of the passage. Change the order and capitalize as necessary, but do NOT change the form of the words. Do NOT include words that are not provided.**

□□□ In an increasingly hot and crowded world, clean water is becoming a precious commodity. 1(<u>accessing / fresh / global / have / of / population / problems / the / two-thirds / water / will</u>) by 2025, and removing salt and contaminants from the oceans and groundwater is one way to slake humanity's thirst. Today's large desalination plants, though, cost millions of dollars to build. Most use reverse osmosis, which forces seawater through salt-blocking membranes. 2(<u>accounts / electricity / for / half / of / required / the / to / up</u>) a plant's expenses, and the process leaves behind a supersalty, chemical-laced soup that can harm local ecosystems. （早稲田大　法）

3 次の各文において、間違っている箇所を①〜④の中からそれぞれ１つずつ選び、正しい形に変えるか削除しなさい。選択肢が①〜⑤の問題は、誤りがない場合は⑤を選びなさい。

1 □□□ Sixty days ① was ② quite a short time for them to develop a device as complicated ③ than that in ④ those days. ⑤ NO ERROR

（早稲田大　社会科学）

2 □□□ ① Ever since she quit her job last year ② due to serious health problems ③ that required her to be hospitalized, ④ she has not had a chance to contact with anyone. ⑤ ALL CORRECT （早稲田大　法）

3 □□□ The government has established a 20-year strategy to tackle the problem ① for marine pollution, including developing financial rewards ② for keeping plastic out ③ of the sea and encouraging new types ④ of eco-friendly products. （中央大　法）

4 □□□ ① It has been nine months ② after Hurricane Harvey's ③ record rainfall caused great damage in the state of Texas, but now much of the state is ④ suffering from drought.

（立教大　経済・観光・コミュニティ福祉）

5 □□□ ① Well-groomed employees, ② whether uniformed or not, project a sense of confidence to the public ③ they serve at and, in the hospitality industry, add to ④ the overall credibility of the property they represent. （上智大　文・総合人間科・法）

DAY 14

月　　日(　)

1 次の各文の、(　　　)には、入れるのに最も適当なものを、下線が引いてあるものは、最も意味が近いものを、それぞれ下の①～④(①～⑤)のうちから１つずつ選びなさい。

1 □□□
I would (　　　) the idea that violent images on television cause people to commit acts of violence.
① disagree　② discord　③ dispute　④ dissolve
(中央大　法)

2 □□□
I may give my life meaning by throwing myself recklessly into it daily, as if something astonishing is happening and I am part of it.
① carefully　② curiously　③ heedlessly　④ promptly
(上智大　文・総合グローバル)

3 □□□
Travel itineraries will be distributed to all tour members soon.
① costs　② tickets　③ schedules　④ visas　(東海大　医)

4 □□□
Jack overcame many difficulties.
① conquered　② executed　③ grasped　④ omitted
(青山学院大　社会情報)

5 □□□
She remembers her father (　　　) home a stray cat one Christmas evening.
① bringing　② brings　③ to bring　④ to have brought
(立教大)

6 □□□
We want (　　　) to be no dispute over the matter.
① people　② there　③ one　④ for　(川崎医科大)

7 □□□
After putting it off for ages, I finally got (　　　) to seeing the dentist and having my teeth checked.
① around　② by　③ through　④ up
(学習院大　経済・国際社会科)

8 □□□ After the incident people put on a reserved look. There was a tacit agreement that the case should not be given undue publicity by gossip.

① too early ② too late ③ too much ④ too little

（上智大　文・総合グローバル）

9 □□□ (　　) had I left the office, (　　) the sun broke out from behind the clouds.

① Before ... had
② Hardly ... when
③ Just ... about
④ Not ... after

（慶応大　商）

10 □□□ (　　) men take children leave to take care of their children.

① A small portion of
② Few
③ Hardly
④ Scarcely no
⑤ Very little

（早稲田大　法）

2 **Use ALL the words and phrases provided in the underlined sections to complete the sentences to fit the context of the passage. Change the order as necessary. You may NOT change the form of the words. You may NOT include words that are not provided.**

□□□ The 1climate / human history / in / is / shaping / role of complex, and climate historians often debate the degree to which climate should be assigned a deterministic role. It always 2dominate / interacts with / our traditional approach / that / the social, political, and economic factors / to history, but some climate upheavals seem from circumstantial evidence to be extremely significant, even dominant, factors in shaping public moods and attitudes immediately before political upheavals.

（早稲田大　法／改）

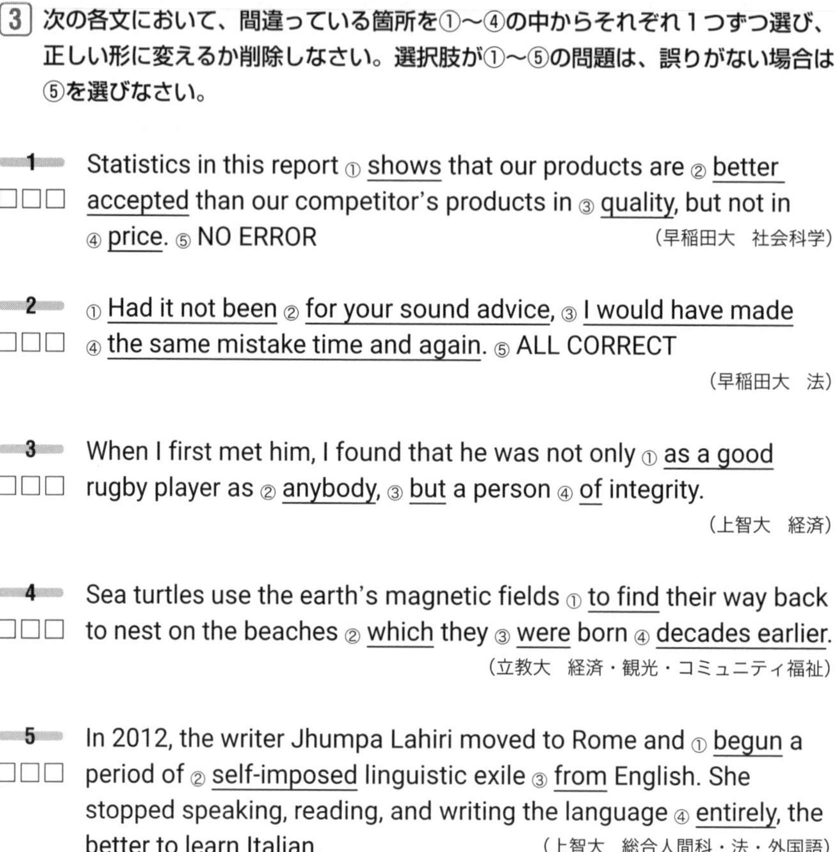

3 次の各文において、間違っている箇所を①～④の中からそれぞれ1つずつ選び、正しい形に変えるか削除しなさい。選択肢が①～⑤の問題は、誤りがない場合は⑤を選びなさい。

1 □□□ Statistics in this report ① shows that our products are ② better accepted than our competitor's products in ③ quality, but not in ④ price. ⑤ NO ERROR

（早稲田大　社会科学）

2 □□□ ① Had it not been ② for your sound advice, ③ I would have made ④ the same mistake time and again. ⑤ ALL CORRECT

（早稲田大　法）

3 □□□ When I first met him, I found that he was not only ① as a good rugby player as ② anybody, ③ but a person ④ of integrity.

（上智大　経済）

4 □□□ Sea turtles use the earth's magnetic fields ① to find their way back to nest on the beaches ② which they ③ were born ④ decades earlier.

（立教大　経済・観光・コミュニティ福祉）

5 □□□ In 2012, the writer Jhumpa Lahiri moved to Rome and ① begun a period of ② self-imposed linguistic exile ③ from English. She stopped speaking, reading, and writing the language ④ entirely, the better to learn Italian.

（上智大　総合人間科・法・外国語）

DAY 15

1 次の各文の、(　　)には、入れるのに最も適当なものを、下線が引いてあるものは、最も意味が近いものを、それぞれ下の①～④(①～⑤)のうちから1つずつ選びなさい。

1 □□□ In Tanzania and Mozambique, because men traditionally act as the head of the household, in most situations they alone can submit claims and collect payments (　　) their families.

① as long as　② in addition to
③ in case of　④ on behalf of　(中央大 法)

2 □□□ He was old and gay, and danced with the slightly awkward movements of a man with an artificial leg.

① clumsy　② gorgeous
③ incompetent　④ swift　(上智大 文・総合グローバル)

3 □□□ Rapid urbanization has been destroying wildlife habitats, so animal populations have been decreasing.

① customs　② diseases　③ materials　④ territories
(東海大 医)

4 □□□ The UN came to a determination to approve the use of force.

① a fraction　② a generosity
③ an insight　④ a resolution　(青山学院大 社会情報)

5 □□□ He (　　) followed her kind advice when he was deciding his future, but he didn't.

① could had　② could have　③ will have　④ would had　(立教大)

6 □□□ As he is very interested in politics, he is going to (　　) in the upcoming election.

① run　② take　③ make　④ see　(川崎医科大)

7 □□□ Some surveys show a ( ) level of ignorance among the public about climate change.

① disposing ② distancing ③ distressing ④ distributing

（学習院大 経済・国際社会科）

8 □□□ We don't have room for another member in our study group, so don't try to butter me up.

① mention me ② tease me
③ flatter me ④ anger me

（東海大 医）

9 □□□ Different ( ) Warren and Graham were, they shared something in common.

① if ② how ③ as ④ unless

（慶応大 商）

10 □□□ Many relationship problems ( ) stress.

① are acknowledged for ② are resulted in
③ can be attributed to ④ lead from
⑤ play a key with

（早稲田大 法）

2 Use ALL the words provided in the underlined sections to complete the sentences. Change the order and form of the words as necessary. You may NOT include words that are NOT provided.

□□□ At the end of the eighteenth century, some philosophers dreamed of perpetual peace. But at the beginning of the twenty-first century, politicians evoke the nightmare of a global civil war in which transnational terrorists can strike anywhere, anytime. Present-day political violence is paradoxical. On the one hand, 1 become / have / increasingly / international / rare / war. In 2015, for instance, there was only one interstate war, a brief clash between India and Pakistan with some thirty casualties. There are large and important regions — North and South America, Western and Central Europe — where the possibility of an armed conflict between states is remote to the point of non-existence. On the other hand, the world is a long way from that condition of perpetual peace which Enlightenment thinkers like Kant 2 a / be / hope / might / of / product modernity.

（早稲田大 法）

3 次の各文において、間違っている箇所を①～④の中からそれぞれ１つずつ選び、正しい形に変えるか削除しなさい。選択肢が①～⑤の問題は、誤りがない場合は⑤を選びなさい。

1 □□□ ① In order to meet ② the growing demand in the Southeast Asian market, our company ③ has increased its production capacity ④ by an average of 20% every year. ⑤ NO ERROR （早稲田大　社会科学）

2 □□□ I still remember ① when the day I met you at that party. We've been together ② ever since, but now our relationship ③ seems to be falling apart. ④ I never imagined it would end this way. （中央大　法）

3 □□□ Stereotypes are ① a major barrier to ② communicate across cultures. We try to fit people ③ into patterns ④ based on our previous experience. （立教大　理）

4 □□□ Total immersion in a foreign language makes sense as ① means of achieving mastery, ② but for a writer of English literature, abandoning the language ③ in which she has established her career and literary identity also ④ seems an odd move. What is a writer without the language in which she writes? （上智大　総合人間科・法・外国語）

5 □□□ The overriding necessity for American policy in the years ① to come is a return to the ② balanced, global strategy that the United States ③ learned the example of ancient Rome and from the Britain ④ of a hundred years ago. ⑤ NO ERROR （早稲田大　社会科）

DAY 16

月　　日(　)

1 次の各文の、(　　)には、入れるのに最も適当なものを、下線が引いてあるものは、最も意味が近いものを、それぞれ下の①～④のうちから１つずつ選びなさい。*が付いている問題は、適当ではないものを選びなさい。

1 □□□ Today's report (　　) on previous research about bias and the ways in which students of color receive harsher punishments than their peers.

① answers　② builds　③ contradicts　④ involves

（中央大　法）

2 □□□ I stood holding my umbrella under the corner streetlight, <u>reluctant</u> to let go of my momentary companion.

① unwilling　② eager

③ independent　④ prepared　（上智大　文・総合グローバル）

3 □□□ The teaching positions at this school are <u>predominantly</u> occupied by men.

① artificially　② mostly　③ closely　④ traditionally

（東海大　医）

4 □□□ If your arguments are not <u>pertinent</u>, nobody will take your opinions seriously.

① relevant　② brilliant　③ observant　④ constant

（東海大　医）

5 □□□ The word "(　　)" is defined as the extra money that you must pay back when you borrow money or that you can receive when you keep money in a bank account.

① fund　② loan　③ finance　④ interest

（川崎医科大）

6 It is essential (　　) her driving test.

□□□ ① how she fails　② of her not failing

③ that she not fail　④ that she shall fail

（関西学院大　神・商・国際・教育・総合政策）

7 When one looks at the inadequacy of the price mechanism for

□□□ dealing with pressing problems, it is difficult to regard economic theory (　　) shallow.

① as something else　② as anything but

③ for anything as　④ for something being　（慶応大　商）

8 The demand for great Web developers has never been higher,

□□□ (　　) in part to the Internet.

① because of　② not all　③ thanks　④ given　（慶応大　商）

9 All the students were required to attend a weekly religious (　　)

□□□ of some sort; Catholic students could go to a church in town and Protestants could attend Sunday worship in the school chapel.

① order　② faith　③ service　④ duty

（上智大　文・総合グローバル）

***10** I can tell (　　) she hasn't done her homework.

□□□ ① if　② when　③ whenever　④ whether

⑤ why

（早稲田大　法）

2 Use ALL the words provided in the underlined sections to complete the sentences to fit the context of the passage. Change the order as necessary. You may NOT change the form of words. You may NOT include words that are NOT provided.

□□□ For many, the ocean is a place apart, a vast wilderness extending beyond our physical and psychological horizons, at once alien and indifferent, fascinating and compelling, and about which we know very little. But consider these facts: the ocean covers seventy-one percent of the Earth's surface; the ocean is a central element in the recycling and purification of fresh water; the ocean provides forty percent of the world's protein, especially in developing nations; 1 are / dependent / for / livelihood / million / more / ocean / on / people / than / the / their / 200; sixty-five percent of the world's population lives within a hundred miles of an ocean coast. The 2 essential / human / is / is / ocean / reality / survival / that / the / to, a primary source of food, water, climate, and community — immediate, universal, and undeniable. In short, the ocean is the dominant ecology in which we live — the sea connects all things.

（早稲田大　法）

3 次の各文において、間違っている箇所を①～④の中からそれぞれ１つずつ選び、正しい形に変えるか削除しなさい。選択肢が①～⑤の問題は、誤りがない場合は⑤を選びなさい。

1 □□□ When it comes to nutrition labelling, ① most of the world's major economies make ② it mandatory. But for some it is voluntary ③ when a health claim ④ is made. ⑤ NO ERROR （早稲田大　社会科）

2 □□□ ① Give the unprecedented scale of destruction in the country's ② first-ever military defeat, it is not ③ surprising that the soldiers were stigmatized ④ for having fought in an unjust war. （立教大　理）

3 □□□ Whorf's theory is controversial. Some experts contend that ① it is more a matter of influence — that English doesn't force you to think differently from Russian, ② by instance, but that the ③ languages have different associations and ④ so different effects on your mind. （上智大　総合人間科・法・外国語）

4 □□□ Before the end of Obama's first year ① at office, five Norwegian politicians awarded him the Nobel Peace Prize, ② to the consternation of ③ many who thought that he had not yet done anything ④ to earn it. ⑤ NO ERROR （早稲田大　社会科学）

5 □□□ While only about one percent of the working population ① are now employed in agriculture, recently there has been a greater tendency ② for people to live in the country and ③ commute to towns to work, so that the decline in the rural population ④ has been continuing. （中央大　法）

DAY 17

月　　日（　）

1 次の各文の、（　　）には、入れるのに最も適当なものを、下線が引いてあるものは、最も意味が近いものを、それぞれ下の①～④のうちから1つずつ選びなさい。*が付いている問題は、適当ではないものを選びなさい。

1 □□□ We live in a culture dominated by money, one so established and familiar to us that we are (　　) of it, like fish that have never noticed the water.

① barely aware　② fully conscious
③ hardly sensitive　④ usually unnoticed　（中央大　法）

2 □□□ Though she was a stranger there, the woman assumed a knowing look.

① accepted　② affected　③ imagined　④ supposed
（上智大　文・総合グローバル）

3 □□□ Unlike her siblings, Rose has an innate love for art.

① intelligent　② inspired　③ instinctive　④ international
（東海大　医）

4 □□□ Illegal drugs have become a huge problem.

① an immense　② an indispensable
③ an intensive　④ an irrelevant　（青山学院大　社会情報）

5 □□□ "I feel very sick today, Mike."
"It serves you (　　), Tom. You overate at the party last night, didn't you?"

① right　② much　③ wrong　④ little　（川崎医科大）

6 □□□ He took the lady (　　) the hand and led her out of the smoky room.

① at　② by　③ from　④ of
（関西学院大　神・商・国際・教育・総合政策）

7 Conventional wisdom says that math is a subject (　　) the more talented students are expected to excel, leaving students (　　) simply “not math people” behind.
① to which ... whom are　② as which ... who are
③ of which ... whom are　④ in which ... who are　（慶応大　商）

8 Worrying about what the world may be (　　) in nine decades might sound unnecessary.
① happening　② troubled　③ forward　④ like　（慶応大　商）

9 Gordon looked out across the city and (　　) at the majestic parliament building to his left.
① amazed　② delighted　③ astonished　④ marveled
（上智大　文・総合グローバル）

***10** I am (　　) Botswana in southern Africa.
① a native of　② born in　③ from　④ living in
⑤ on the way to　（早稲田大　法）

2 Read the passage and rearrange the words in 1－5 in the correct order.

The focus of this edition has changed slightly from previous editions. Certainly the primary objectives of a course in Statistical Methods and Data Analysis include developing the student’s appreciation and understanding of the role of statistics in their field and an ability to apply appropriate statistical methods to summarize and analyze data for $_1$(the / of / more / some / routine / settings / experimental). While fulfilling these objectives, we also want to focus the student $_2$(where / on / the / these / fit / methods / into) context of making sense of data. To this end we have approached the fourth edition by considering the four steps in making sense of data: gathering data, summarizing data, analyzing data, and communicating the results of data analyses. The text $_3$(include / is / divided / chapters / into / which) parts on the four steps of making sense of data as well as separate chapters which contain the necessary background or connective material. With this organization and emphasis, we want the student to understand that the summarization and analysis of data are steps in the larger problem of making sense of data. Thus, this edition aims at 4(more / editions / practical / being / than / previous / ever) by relating the methods and data analysis techniques of the text to the context 5(they / to / are / which / in / used / solve) real life, practical problems. （早稲田大　基幹理工・創造理工・先進理工／改）

3 次の各文において、間違っている箇所を①～④の中からそれぞれ１つずつ選び、正しい形に変えるか削除しなさい。選択肢が①～⑤の問題は、誤りがない場合は⑤を選びなさい。

1 □□□ According ① to the no-boundary proposal, asking what ② came before the Big Bang is meaningless — ③ like asking what is south of the South Pole — because there is no notion of time available to refer ④ to. ⑤ NO ERROR （早稲田大　社会科学）

2 □□□ I ① had been working with them at a noisy factory for a couple of years, but I ② never got used ③ to being ④ shout at. （立教大　理）

3 □□□ Writers rejuvenate themselves ① by escaping to foreign tongues. In a sense, it's an ② extreme cure for writer's block. They learn to write again, in a different register. And ③ in the process on adopting a new language, ④ their relationship with the old one changes. （上智大　総合人間科・法・外国語）

4 □□□ As the storm roared through Florida, thrashing winds ① tearing down trees and power lines ② alike, and by Monday afternoon officials said the storm ③ may have cut power to ④ a majority of the state's 20.6 million residents. ⑤ NO ERROR （早稲田大　社会科学）

5 □□□ Almost every town in Britain has a public library, funded by the local authority, ① to which local people may borrow books free ② of charge. Borrowers are normally ③ allowed to ④ have up to ten books out at any one time. （中央大　法）

DAY 18

月　　日（　）

1 次の各文の、(　　)には、入れるのに最も適当なものを、下線が引いてあるものは、最も意味が近いものを、それぞれ下の①〜④のうちから１つずつ選びなさい。*が付いている問題は、適当ではないものを選びなさい。

1 □□□ As a young man who had just inherited his father's business, Martin was very (　　) to prove he was a capable business person.

① keen　② sharp　③ edge　④ fierce　（中央大　商）

2 □□□ The executive director's bribery was <u>uncovered</u> by the press.

① attacked　② brought to light
③ controlled　④ followed　（上智大　文・総合グローバル）

3 □□□ Do you think having a cat will really <u>deter</u> mice from coming in?

① capture　② neglect　③ discourage　④ regret　（東海大　医）

4 □□□ We lived from (　　) to mouth, never knowing where the next meal was coming from.

① nose　② hand　③ brow　④ cheek
（青山学院大　文）

5 □□□ Dad shouted at me in anger, "Be a good boy! Why are you being so (　　) to your little brother?"

① eager　② decent　③ generous　④ mean　（川崎医科大）

6 □□□ When I first got to know him, Simon was married (　　) three children.

① from　② in　③ on　④ with
（関西学院大　神・商・国際・教育・総合政策）

7 Sentimentalists tend to believe that (　　) you display, the more
□□□ human you are, but the reverse can (　　) the case.

① the more emotion ... be　② the more emotional ... be
③ the more emotion ... do　④ the more emotional ... do

（慶応大　商）

8 Two reports aiming to summarize the world's rather patchy
□□□ knowledge about what is going on (　　) published.

① has been just　② has finally
③ have finally been　④ have just

（慶応大　商）

9 "In half the primary schools visited the curriculum was effective
□□□ but in the (　　) it was significantly weaker," said the inspectors.

① few　② majority　③ mass　④ remainder

（上智大　文・総合グローバル）

***10** If it (　　), he will come and pick you up at the house.
□□□ ① is raining　② may rain　③ rains　④ starts raining
⑤ starts to rain

（早稲田大　法）

2 Read the passage and rearrange the words in 1 − 5 in the correct order.

□□□ Real analysis stands as a beacon of stability in the otherwise unpredictable evolution of the mathematics curriculum. Amid the various pedagogical revolutions in calculus, computing, statistics, and data analysis, nearly every undergraduate program continues $_1$(at / to / of / one / least / require / semester) real analysis. My own department once challenged this norm by creating a mathematical sciences track that allowed students to replace our two core proof-writing classes $_2$(and / in / like / with / departments / electives / physics) computer science. Within a few years, however, we concluded that the pieces did not $_3$(together / in / a / without / analysis / hold / course). Analysis is, at once, a course in philosophy and applied mathematics. It is abstract and axiomatic in nature, but is engaged with the mathematics used by economists and engineers. How then do we teach a successful course to students with such diverse interests and expectations? Our 4(for / to / required / analysis / desire / make / study) wider audiences must be reconciled with the fact that many students find the subject quite challenging and even a bit intimidating. One unfortunate resolution of this dilemma is to make the course easier by making it less interesting. The omitted material is inevitably what gives analysis its true flavor. A better solution is to find a way to make the more 5(and / effort / worth / topics / accessible / advanced / the). （早稲田大　基幹理工・創造理工・先進理工／改）

3 次の各文において、間違っている箇所を①～④の中からそれぞれ１つずつ選び、正しい形に変えるか削除しなさい。選択肢が①～⑤の問題は、誤りがない場合は⑤を選びなさい。

1 □□□ ① Any discussion of the relationship between language and society, or ② of the various functions of language ③ in society, should begin ④ by some attempt to define each of these terms.
⑤ NO ERROR （早稲田大　社会科学）

2 □□□ My attention ① distracting by all the traffic, I ② didn't notice that she was ③ addressing me ④ on the street. （立教大　理）

3 □□□ Like women in other mature economies, women ① across Europe have been having fewer children for decades. But researchers are ② warning of a new hot spot for childlessness: in southern European countries, where the economic crisis ③ has hit ④ most hardly. （中央大　法）

4 □□□ Some psychologists believe that ① those who are encouraged to be independent and ② responsible in ③ childhood are ④ likely more than others to become motivated to achieve.
（学習院大　経済・国際社会科）

5 □□□ Thailand edged closer to ① become the first place in Southeast Asia to ② legalize same-sex unions when lawmakers ③ passed four different bills aiming to ④ provide greater rights to gay couples.
⑤ NO ERROR （早稲田大　社会科学）

DAY 19

月　　日(　)

1 次の各文の、(　　)には、入れるのに最も適当なものを、下線が引いてあるものは、最も意味が近いものを、それぞれ下の①～④のうちから１つずつ選びなさい。*が付いている問題は、適当ではないものを選びなさい。

1 □□□ Although she found his personality an elusive one, she was disposed to like him.
① was disqualified　② was inclined
③ was forced　④ was not in the mood
（上智大　文・総合グローバル）

2 □□□ The journalist impugned the integrity of the officials concerned.
① bias　② completeness
③ devotion　④ virtue　（上智大　文・総合グローバル）

3 □□□ As the real estate agent said, the house looks as good as new, though it is over 30 years old.
① practically　② increasingly
③ suddenly　④ typically　（東海大　医）

4 □□□ Going to a famous university doesn't make you a professor (　　) more than going to a garage makes you a car.
① none　② any　③ still　④ as　（青山学院大　文）

5 □□□ She was at her wits' (　　) trying to solve the tough problem.
① arm　② way　③ end　④ break　（川崎医科大）

6 □□□ They have closed the bridge for repairs (　　) last week's floods.
① before　② by　③ following　④ under
（学習院大　経済）

7 □□□ I won't (　　) my niece replying in such an impolite manner.
① come　② have　③ let　④ make
（関西学院大　神・商・国際・教育・総合政策）

8 Many people are under the (　　) that civilizations that existed in the centuries before us were somehow backward and ignorant. This of course is not true.

□□□

① assumption　② condition
③ consideration　④ situation　(慶応大　商)

9 O'neill has been under (　　) over his many violations for giving his horses improper drugs.

□□□

① construction　② scrutiny
③ discussion　④ oppression
(上智大　文・総合グローバル)

***10** My parents want to (　　) me.

□□□

① call on　② check up on
③ drop by　④ stay with
⑤ visit　(早稲田大　法)

2 **Read the passage and rearrange the units in 1 − 5 in the correct order.**

□□□

If you had driven north on Highway 101 toward San Francisco a few summers ago, you might have noticed a banner hanging from a freeway bridge. "What have future generations done for us?" it asked. The question not only answers itself, but implies a follow-up question, as was presumably the intention of the anonymous provocateur who posted it. If future generations have given us nothing, should 1(<u>trying / money / to / spend / hard-earned / our / we</u>) make the world better for them? This issue has long hovered over discussions of climate change, but it 2(<u>past / came / the / focus / into / over / acute</u>) few weeks as two new reports were released by the Intergovernmental Panel on Climate Change, the United Nations body that periodically reviews the science and economics of the issue. Scientists have struggled for decades to understand what might happen to the earth, physically, 3(<u>we / the / into / if / continue / greenhouse gases / pouring</u>) atmosphere at ever-rising rates. They have made some headway, but the uncertainties remain substantial. The worst-case possibilities are deeply frightening, but the likelihood 4(<u>will / they / a / is / become</u>

/ unknown / reality). All the more difficult, then, is the task of figuring out what the projected climatic changes might do to human society, which is in large part an economic question. How severe will the damages be; what present-day policies might reduce them; and are they 5(a / to / worthwhile / compared / many / investment) alternatives for spending our money? Some economists are bravely tackling these issues.

（早稲田大　基幹理工・創造理工・先進理工／改）

3 **次の各文において、間違っている箇所を①～④の中からそれぞれ１つずつ選び、正しい形に変えるか削除しなさい。選択肢が①～⑤の問題は、誤りがない場合は⑤を選びなさい。**

1 □□□ When in ① due course the Europeans penetrated the African interior, ② armed with their ③ agreed-upon map, they discovered that many of the borders drawn in Berlin ④ do little justice to the geographic, economic and ethnic reality of Africa. ⑤ NO ERROR

（早稲田大　社会科学）

2 □□□ An administrator ① may ask whether it is ② fair to prolong the career of a senior professor ③ rather than to promote ④ those of a young scholar.

（立教大　理）

3 □□□ Although his family was not wealthy ① enough to ② afford the fee for him to study at law school after graduating from the undergraduate course, ③ but obtaining a scholarship made it possible to realize his ④ wish to study to become a lawyer.

（中央大　法）

4 □□□ According to ① data compiled by a market research company, the ② value of the market ③ for business card storage is ④ expecting to reach ¥5.8 billion in 2018.

（学習院大　経済・国際社会科）

5 □□□ Adolescent boys tend to socialize ① in loosely organized groups ② focused on sports or video games, allowing a boy ③ with minimal social skills ④ and get by.

（上智大　文・総合グローバル）

DAY 20

月　　日(　)

1 次の各文の、(　　)には、入れるのに最も適当なものを、下線が引いてあるものは、最も意味が近いものを、それぞれ下の①～④のうちから１つずつ選びなさい。*が付いている問題は、適当ではないものを選びなさい。

1 □□□ It (　　) from what you say that you are innocent.
① comes　② follows　③ results　④ takes　(中央大)

2 □□□ Opportunity gaps in schools (　　) other societal gaps, such as income gaps. It is impossible to discuss this kind of divide in educational opportunity without examining these other societal inequalities.
① await　② channel　③ monitor　④ parallel　(慶応大　商)

3 □□□ The movie I saw yesterday was very moving and I had to <u>fight back</u> my tears.
① control　② contract　③ contact　④ content
(青山学院大　コミュニティ人間科)

4 □□□ Yukiko had long aimed to write a book. When she finally (　　) her dream, she was doubly thrilled to find that her work was a best-seller.
① fulfilled　② managed　③ met　④ succeeded　(慶応大　商)

5 □□□ After her husband's sudden death, anything (　　) made her nervous.
① off the ordinary way　② out from orderly prosecution
③ out of the ordinary　④ unordinary procession
(上智大　理工)

6 □□□ This amazing book fully describes what freedom is (　　) about.
① like　② every　③ alike　④ all　(川崎医科大)

7 □□□ Although you say you are ill, I can't find (　　) the matter with you.
① anything　② even　③ none　④ what　(学習院大　文・経済)

8 Nowadays, many people telecommute, or work at home, while ( ) to the office by ( ) of their computer.
□□□
① being linked ... means ② having attachment ... channel
③ being commutable ... way ④ having ... connected （慶応大 商）

9 ( ) the army on all sides of them and ready to fire missiles, the terrorists finally surrendered.
□□□
① Around ② With ③ For ④ From
（上智大 文・総合グローバル）

***10** Her mother ( ) her what to do.
□□□
① advised ② asked ③ showed ④ suggested
⑤ told （早稲田大 法）

2 Read the text and rearrange the words in 1 — 5 in the correct order.

□□□ This book is a gentle and relaxed introduction to the two branches of pure mathematics, algebra and analysis, which dominate the early stages of the subject 1(undergraduates / as / to / in / is / it / taught) many countries. It is not a substitute for more advanced texts, and does not claim to be comprehensive. It should, I hope, be easy to read, and to this end the style is decidedly more colloquial than is traditional in textbooks. Thus this is not a book in the relentless theorem-proof style; it contains explanatory commentary. The 2(pure / express / themselves / ways / mathematicians / which / in), and the step-by-step nature of the subject, may make pure mathematics seem intimidating to a beginner. The mathematical mode of expression and the deductive method are vital to pure mathematics. We wish to explore strange geometries, new algebraic systems, and infinite dimensional spaces. There is no point in embarking on this enterprise unless we are prepared to be very precise, since otherwise, no-one will have 3(are / about / what / talking / idea / we / any). These exotic spaces and objects are not part of everyday experience, unlike, for example a dog. If we mention that “there is a dog in the garden”, we do not expect the response “what is a dog, what is a garden, what does is mean in this sentence, why have you used the indefinite article a and what is the contribution of the word there?" We know a lot about dogs and gardens, and do not need to put the sentence under 4(order / meaning / understand / scrutiny / in / to / the). However, if instead someone says "every linear group is either virtually solvable, or contains a free subgroup of rank 2", then either you have to live in a world where these terms are as familiar as dogs and gardens, or you have to take the remark apart, and 5(you / part / every / until / analyze / it / of) understand what it asserts. （早稲田大　基幹理工・創造理工・先進理工／改）

3 次の各文において、間違っている箇所を①～④の中からそれぞれ１つ選び、正しい形に変えるか削除しなさい。選択肢が①～⑤の問題は、誤りがない場合は⑤を選びなさい。

1 □□□ ① Like our in-person physical body language, digital body language ② concerning the subtle ③ cues that ④ signal things like our mood or engagement, and change the meaning of the words we say.
⑤ NO ERROR （早稲田大　社会科学）

2 □□□ On the island of Malaila there ① was an inn that has been there for many generations. When this story ② started, it was ③ run by a couple who ④ took good care of it. （立教大　理）

3 □□□ We are, in a sense, 'geographic beings' ① for whom the creation of places, and ② by consequent the process of making borders, seems natural. But borders are not 'natural' phenomena: they exist in the world ③ only to the extent that humans regard them ④ as meaningful. （中央大　法）

4 □□□ The treaty was the first concrete step in ① a ② process to ③ create an ④ economy and political partnership. （学習院大　経済・国際社会科）

5 □□□ He bitterly regretted his first manner ① towards her, and turned round ② to consider whether he could ③ not go back, endeavor to find her, and ask if he could be ④ for any possible use.
（上智大　文・総合グローバル）

大学入試

20日間完成

レベル別

英文法問題 Solution Last Spurt

ソリューション ラストスパート

3

トップレベル

スタディサプリ
英語講師
肘井 学
Gaku Hijii

かんき出版

はじめに

本書は、**英文法の分野別学習を終えた人向けの演習**用の問題集です。**20日間で完成できる構成**になっています。英文法の学習は通常、時制、助動詞、仮定法と分野ごとに学習を進めていきますが、本番の試験では、すべての文法・語法分野、そして熟語、語彙問題などからランダムに出題されます。

そこで、本書ではすべての文法・語法分野、熟語、語彙問題などからランダムに問題を掲載しています。単なる過去問集と異なるのは、**捨て問、悪問を排除した点**です。およそどの大学でも、満点防止策として、そのレベルの受験生では解けないような問題が数問含まれていますが、そのような問題は、入試本番で解けなくても問題ないのです。**本書では、確実に正解すべき問題だけを集めました。**

本書のもうひとつの特長は、**効率を徹底重視**した点です。本書に掲載されている200問の４択問題、約100問の整序英作文、100問の正誤問題は重複を極力避けています。それぞれ200、100、100パターンの問題を解くことで、知識と理解を最大限広げられるように設計してあります。

一方、**４択問題、整序英作文、正誤問題といった出題形式が異なる中での文法項目の重複は、むしろ積極的に扱っています。**なぜなら、出題形式が異なる中での文法項目の重複は、知識の定着と応用力を養い、**一層の学習効果が期待できるから**です。

さらに、**20日間完成**とすることで、**夏休み、２学期、冬休みや入試直前のひと月前でも完成できる**ように設計しています。

本書で英文法・語法・熟語・語彙問題の対策を万全にして、入試本番では高得点を勝ち取り、志望校合格を実現させてください。

肘井　学

本シリーズの特長

特長その① 20日間での短期完成！

本書は、英文法の総まとめ演習という性質から、**夏休み、2学期、冬休みや入試直前の1ヵ月といった短い期間で終えられる構成**になっています。

特長その② 捨て問・悪問を排除、良問を厳選！

実際の入試には、およそどんな大学でも、そのレベルの受験生が正解しなくてよい捨て問・悪問が含まれています。本書の目的は、英文法マニアを目指すのではなく、あくまで**最短での志望校合格**を目指しているので、**捨て問・悪問を排除して、入試本番で正解すべき良問を厳選**しています。

特長その③ 重複を避けて効率を徹底追及！

本書は、大学入試直前の貴重な1ヵ月間に使用されることも想定しています。だからこそ、無駄を省いて**効率を徹底的に追及**しています。4択問題の200問、整序英作文の約100問、正誤問題の100問で同じ知識を問う問題を極力省いて、異なるパターンを網羅しています。例えば、スタンダードレベルでは、**仮定法過去の問題、仮定法過去完了の問題、仮定法のif節と主節で時制がずれるミックスのパターンと、各1題ずつ**扱っています。

特長その④ 4択問題・整序英作文・正誤問題の構成！

1日単位では、入試で出題頻度が高い4択問題10題・整序英作文5題（一部2題）・正誤問題5題を扱います。20セット分あるので、4択問題は200問、整序英作文は100問、正誤問題は100問演習することで、絶対の自信を持って本番に臨めるようになります。そして、同一形式での知識の重複は避けましたが、異なる出題形式での知識の重複は、あえて多く扱いました。例えば、仮定法の知識を4択問題、整序英作文、正誤問題と異なる出題形式で問うことで、知識の定着、応用と、真の理解を得ることができるからです。

特長その5 20の総まとめPOINT！

文法問題を解くことで、知識を整理して広げていけるように、トップレベルでは20の総まとめ POINT を掲載しました。文法・語法・熟語・語彙の知識の総整理に役立ちます。総まとめPOINTの項目の一覧はp.111にあるので、活用してください。

特長その6 各問題に学習分野のアイコンを掲載！

各設問の右側に、**文法・語法・熟語・語彙のどの分野からの出題かわかるアイコン**を付けました。これにより、自分の苦手分野を知ることができます。特定の分野の不正解が多い場合は、分野ごとの問題集に戻って、再度その分野の理解を深めることをおすすめします。拙著の**レベル別英文法問題ソリューション1〜3**だけでなく、他の分野別文法問題集にも対応できるように、汎用性のある分類でアイコンを付けています。お手持ちの分野別文法問題集で、自分の弱点を強化してください。

本シリーズの使い方

① ▶問題を解く

1日分の問題は、4択問題10題、整序英作文5題（一部2題）、正誤問題5題の構成です。15分を目安に、問題を解いてみてください。

② ▶解答・解説を見て答え合わせをする

解答を見て丸付けをしてください。その際に、間違えた問題、たまたま正解したが、実はよく理解していない問題はチェックボックスにチェックを入れます。さらに、総まとめ POINT を含めて、解説を読み進めてください。

③ ▶2周目、3周目はチェックの入った問題だけを解く

1周目で完璧に解けた問題は、時間の節約のために2周目、3周目は解答不要です。たまたま正解した問題、間違えた問題に限定して2周目を進めてください。2周目で間違えた問題にもチェックを入れて、3周目は2周目で間違えた問題に集中することで、さらに時間の節約になります。間違えた問題がゼロになるまで、解いていきます。

本シリーズのレベル設定

本シリーズは、現状の学力に見合った学習を促すために、下記の表のように、細かいレベル分けをしています。

スタンダードレベル	ハイレベル	トップレベル
日本大、東洋大、駒澤大、専修大や、京都産業大、近畿大、甲南大、龍谷大などを代表とした私立大学を目指す人、地方国公立大を目指す人。	学習院大、明治大、青山学院大、立教大、中央大、法政大や、関西大、関西学院大、同志社大、立命館大などの難関私大を目指す人。上位国公立大を目指す人。	早稲田大、慶応大、上智大、東京理科大などの最難関私大を目指す人。北大、東北大、東京大、名古屋大、京都大、大阪大、九州大などの最難関国公立大を目指す人。

難易度のレベルには変動があり、あくまでも目安です。

1日分の演習を終えるごとに、日付、得点を記入し、終了の印としてチェックボックスにチェックを入れていきましょう。

	日付	得点	1周	2周	3周
DAY 1	月　日（　）	／20	□	□	□
DAY 2	月　日（　）	／20	□	□	□
DAY 3	月　日（　）	／20	□	□	□
DAY 4	月　日（　）	／20	□	□	□
DAY 5	月　日（　）	／20	□	□	□
DAY 6	月　日（　）	／20	□	□	□
DAY 7	月　日（　）	／20	□	□	□
DAY 8	月　日（　）	／20	□	□	□
DAY 9	月　日（　）	／20	□	□	□
DAY 10	月　日（　）	／20	□	□	□
DAY 11	月　日（　）	／20	□	□	□
DAY 12	月　日（　）	／20	□	□	□
DAY 13	月　日（　）	／20	□	□	□
DAY 14	月　日（　）	／20	□	□	□
DAY 15	月　日（　）	／20	□	□	□
DAY 16	月　日（　）	／20	□	□	□
DAY 17	月　日（　）	／20	□	□	□
DAY 18	月　日（　）	／20	□	□	□
DAY 19	月　日（　）	／20	□	□	□
DAY 20	月　日（　）	／20	□	□	□

DAY 1

1

1 正解：①　**動詞の語彙**

訳：その訴訟では、その会社が乾燥化学粉末にともなうガンのリスクに気付いていたけれども、その情報を大衆に隠したと申し立てられた。

空所の前後の「その訴訟はその会社が…にともなうガンのリスクに気付いていた～」という文脈から、**allege**「申し立てる」が文脈に合うので、①**が正解**。②「容易にした」、③「提出した」、④「訴えた」の意味で、いずれもthat節を目的語にとらない。③は**file a suit**「訴訟を提起する」＝「訴訟を起こす」、④は**sue A for B**「AをBで訴える」のように使うことをおさえておく。**裁判に関する英語表現**を以下にまとめる。

総まとめ POINT 1　裁判に関する英語表現

attorney[lawyer]「弁護士」／**prosecutor**「検察官」／**judge**「裁判官」
plaintiff「原告」／**defendant**「被告」／**witness**「目撃者」
sue A for B「AをBで訴える」／**file a suit**「訴訟を起こす」
allege「申し立てる」／**sentence**「判決を言い渡す」・「判決」

2 正解：④　**形容詞の語彙**

訳：鉄鋼会社からの気前の良い補助金のおかげで、私たちはようやくはじめて、商品開発のための長期的な計画に着手することができた。

空所の後ろの**grant**が「補助金」の意味であることを確認する。**generous**「気前の良い」を使うと「**気前の良い**補助金のおかげで、私たちは～できた」と意味が通るので、④**が正解**。①「気取った」、②「本物の」、③「一般的な」で、意味が通らない。

3 正解：②　**熟語**

訳：その書店員は、本が少なくなってきているかどうかを確認するために、毎日本の冊数を調べる。

空所の後ろのlowと②から、**run low**「少なくなる」を推測する。空所の前のtheyはbooksを指しており、「その書店員は、本が**少なくなってきている**かどうかを確認するために、毎日本の冊数を調べる」と意味も通るので、②**が正解**。**run low on**「～が少なくなる」の使い方もおさえておく。

4 正解：④ 名詞の語彙

訳：その建築家たちは、新しい鉄鋼製の建造物を設計するのに、新しいコンピュータープログラムを使用した。

空所の前の「新しい鉄鋼製の～を設計する」から、**structure**「建造物」を入れると意味が通るので、④**が正解**。structureには「構造」以外に「建造物」の意味があることをおさえておく。①「組織的な」、②「速記者」、③「蒸気」の意味。

5 正解：② 熟語

訳：旅行中、会社に報告書を書くために、彼は費用の帳簿をつけなければならなかった。

空所の後ろのan account ofと②から、**keep an account of**「～の帳簿をつける」を推測する。「旅行中、会社に報告書を書くために、彼は費用**の帳簿をつけ**なければならなかった」で意味も通るので、②**が正解**。①「抱く」、③「無視する」、④「取り除く」の意味。

6 正解：① 関係詞

訳：私たちの小学校は、もはや10年前のままではない。

選択肢から関係詞の問題と判断する。先行詞があり、**後ろの関係詞節の補語が欠けている場合はthatを使う**ので、①**が正解**。ただし、直前に**カンマがある場合は、, whichを使う**こともおさえておく。

7 正解：③ 代名詞・語順

訳：そのチームは、私が月末までに返すことを条件に、その機器を借りることを許可している。

動詞＋副詞のイディオムに目的語として代名詞を使う場合は、動詞と副詞の間にその代名詞を挟むので、**③のhave it back「それを返してもらう」が正解**。TheyはThe teamを受ける代名詞。チームをひとつのまとまりとして考える場合は単数扱い、個々のメンバーを考える場合は複数扱いとなる。itはthe equipmentを受ける代名詞。他にも、**pick it up**「それを拾う」や**check it out**「それを確かめる」などをおさえておく。

8 正解：④ 熟語

訳：これまでのところ深刻な被害は出ていないけれども、サンアンドレアス断層は、常に破滅的な地震を解き放つ寸前であるという噂だ。

空所の後ろの「破滅的な地震を解き放つ」から、**on the verge of**「～の端に接している」＝「～寸前だ」の意味が合うので、④**が正解**。①、③は意味が通らない。②「～の最中で」も意味が通らない。

9 正解：④ 関係詞

訳：そのガイドは、私が以前に名前を聞いたことがない小さな山間の村に、私たちを連れて行ってくれた。

空所の前後と選択肢から、先行詞a tiny mountain villageに対して、「**その村の名前**を聞いたことがない」という関係詞節が続く形を推測する。そのまま英訳した、the name of the tiny mountain villageのthe tiny mountain villageを関係代名詞に置き換えるとthe name of whichになるので④**が正解**。**the 名詞 of which [whom]**の形をおさえておく。

10 正解：④ 形容詞の語彙

訳：彼女はそのようなばかげた話を信じるほど、世間知らずだった。

空所の後ろの「そのようなばかげた話を信じる」から文脈を読んで、④ **naïve「世間知らずの」**が正解。naïveは「純真な」というプラスイメージの意味もあるが、「世間知らずの、だまされやすい」というマイナスのイメージでよく使われることをおさえておく。①「絶対的な」、②「攻撃的な」、③「用心深い」の意味。日本語で**カタカナ表記される場合の意味と英語本来の意味が異なるもの**を以下にまとめる。

総まとめ POINT **2** カタカナと意味が異なる英単語

	正しい英語
ナイーブ	日本語の「ナイーブ」に相当するのは**sensitive**「繊細な」で、**naïve**は「**世間知らずの、だまされやすい**」
クレーム	日本語の「クレーム」に相当するのは**complaint**「不平」で、**claim**は「主張」
ノートパソコン	日本語の「ノートパソコン」に相当するのは**laptop computer**「膝に乗せて使うコンピューター」＝「ノートパソコン」

2

1 正解：⑧−⑦−⑤−②−④−①−③−⑥ 不定詞・熟語

完成した英文：There is a debate over (whether to put limits on freedom of speech).

「するかどうか」と⑧、⑦、⑤から、**whether to do**「〜するかどうか」を予測して、There is a debate over **whether to put**まで並べる。「〜を制限する」と⑤、②、④から、**put limits on**「〜に制限をかける」、「言論の自由」と①、③、⑥から、**freedom of speech**「言論の自由」を推測して、~ **whether to put limits on freedom of speech**. で完成。

2 正解：⑤−④−⑥−②−①−③ 強調構文・動詞の語法

完成した英文：What (was it that caused you to change) your mind?

空所の前のWhatと⑤、④、⑥から、強調構文の疑問文である 疑問詞 **is it that ~?** を推測して、What **was it that caused** まで並べる。causedと②、①、③から、**cause O to do**「Oに～させる」を推測して、What **was it that caused you to change** your mind?で完成。

3 正解：⑧−⑤−③−⑦−⑥−②−④−① 疑問・文型

完成した英文：(What made David think Sam could defeat Bob)?

⑧、⑤、③、⑦から、**What made O do ~?**「なぜOは～したか」を推測して、**What made David think** まで並べる。「サムがボブに勝てる」から、**Sam could defeat Bob** と続けて完成。⑨が不要語。

4 正解：⑥−②−④−①−⑤−③ 比　較

完成した英文：**That rude man did not** (so much as apologize for stepping) **on my foot in the elevator.**

空所の前のnotと⑥、②、④、①から、**not so much as do**「～すらしない」を推測して、That rude man did not **so much as apologize** まで並べる。apologizeは**apologize (to A) for B**「(Aに) Bで謝罪する」で使われるので、**for stepping** on my foot ~. で完成。

5 正解：④−⑤−①−③−⑦−②−⑥−⑨−⑧ 接続詞・受動態

完成した英文：(The problem with the railway system in the metropolitan area is that it is easily affected by snow).

日本語を参考にすると、主語が「大都市の鉄道システムの欠点」なので、④、⑤、①、③を使って、**The problem with the railway system in the metropolitan area** まで並べる。withは**関連のwith**「～に関する」で、「欠点」をproblemで表していることを理解する。述部は、⑦、②から名詞節を作るthatを予測して、**is that it is easily affected by snow**. と並べて完成。

3

1 正解：① ⇒ During 前置詞

訳：ビクトリア朝時代に、移動の方法、速度、頻度に劇的な変化があった。そしてそのような変化は、ホテルの大きさ、計画、そして構造に反映された。

amongは「(3つ以上のものの) 間に」と、場所や位置関係を示す。本問ではthe Victorian period「ビクトリア朝」と期間を示すので、①**を、同じ「～の間に」でも期間を示すDuringにする**のが正しい形。②「方法」、③「そのような」の意味。④

DAY 1 2 3 4 5 6 7 8 9 10 11 12 13 14 15 16 17 18 19 20

such changesと複数形の主語に対応するbe動詞なのでwereで問題ない。

2 正解：③ ⇒ laid it down　**動詞の語法・語彙**

訳：私はスマートフォンの電源を切って、机の上に置いた。

③のliedはlie「嘘をつく」の過去形なので意味が通らない。「スマートフォンの電源を切って、机の上に**置いた**」と意味を予測して、**③をlay「置く」の過去形であるlaidにする**のが正しい形。①「私は電源を切った」、②「私のスマートフォン」、④「〜の上に」の意味で、問題のない表現。

3 正解：③ ⇒ fast asleep　**熟語・形容詞**

訳：サラは何時間も勉強してとても疲れたので、家に着くとすぐに、電気をつけたままぐっすり眠ってしまった。

③は直前のfellから、**fall asleep**「ぐっすり眠る」を強調した**fall fast asleep**「熟睡する」を推測して、**③をfast asleepにする**のが正しい形。sleepは動詞か名詞なので、fallの後ろに置くことができない。①はぐっすり眠ったことより以前の話なので過去完了で問題ない。②は「〜するとすぐに」の意味。④は付帯状況のwith O C「OがCした状態で」のCにstill onが使われている表現。stillは「依然(いぜん)として」、onは副詞で「(電気が)ついて」の意味。

4 正解：① ⇒ coincidence　**名 詞**

訳：サーカスの音楽が、兵隊がかつて決死の覚悟で出征する際に奏でられた類の行進曲としばしば一緒なのは、偶然ではない。

noは一般に原級の形容詞を修飾しないので、①の形容詞は比較級にするか、名詞にする必要がある。この文脈で比較級を用いるのは不自然なので、**①を名詞のcoincidenceにする**のが正しい形。It's no coincidence that ~.「〜は決して偶然(の一致)ではない」の表現。②はbe identical to「〜に一致している」のto、③はgo off to do「〜しに出発する」のgo off、④は元々先行詞のmarchesを目的語にした前置詞で、「〜に合わせて」の意味。

5 正解：③ ⇒ as a result　**熟 語**

訳：最近の研究によると、世界規模で起こった厳しいロックダウンの結果として多くの店が閉鎖したので、パンデミックの最中に実店舗での買い物が著しく減少したことがわかっている。

③はthe result ofから、**as a result of**「〜の結果として」を推測する。「〜ロックダウン**の結果として**、多くの店が閉鎖した」と意味が通るので、**③をas a resultにする**のが正しい形。①は「示した」、②は「〜の間」、④はlockdownsを先行詞とする関係代名詞のthatとoccurred「起こった」の組み合わせ。

DAY 2

1

1 正解：① 名詞の語彙

訳：その事故の後、X線によって、その女の子が左足首をひどく骨折していることがわかった。

After the incident「その事故の後」と、had suffered「（苦痛などを）受けた」から、**fracture**「骨折」を入れると「彼女の左足首のひどい**骨折**」で意味が通るので、①**が正解**。②「無関心」、③「違反」、④「（岩などの）裂け目」の意味。

2 正解：① 名詞の語彙

訳：間違いの中にはすぐに許されるものもあるし、許されないものもある。歴史問題には簡単に忘れられるものもあるし、ずっと続く憤り（いきどお）りの原因となるものもある。

「歴史問題には、すぐに忘れられるものもあれば、長く続く**憤り**の要因となるものもある」と文脈を読んで、① **indignation「憤り」**が正解。②「無関心」、③「無知」、④「発火」の意味。

3 正解：② 否定

訳：私は最近、めったにピアノを弾くことはない。

①、③、④のような表現は存在しない。②は元々hardlyだけでは「ほとんど〜ない」という程度を打ち消す表現だったが、**hardly ever**で「めったに〜ない」という**頻度を打ち消す表現**になったもの。「私は最近、**めったに**ピアノを弾くことは**ない**」と意味が通るので、②**が正解**。

4 正解：④ 形容詞の語彙

訳：その経営者は、顧客に対して、その状況の包括的な説明をした。

空所の前が冠詞のaで、後ろが名詞なので、形容詞や分詞の①、②、④に正解の候補を絞る。「その経営者は、顧客に対して、その状況の**包括的な**説明をした」で意味が通るので、④**comprehensive「包括的な」が正解**。①「理解された」、②「理解している」、③「理解」の意味。

5 正解：② 形容詞の語彙

訳：贅沢に暮らすよりむしろ、その社長は給料の80%を慈善事業に寄付して、質素な暮らしを送ろうとしている。

rather thanは対比構造を作るので、空所にはliving in luxury「贅沢に暮らすこと」

の反対の内容を予測する。**frugal**「質素な」がそれにあたるので、②**が正解**。①「費用のかかる」、③「文字通りの」、④「利益の出る」の意味。

6 正解：④ 名詞の語彙

訳：小説は、必ずしも登場人物の精神の深い奥底へと私たちをいざなうとは限らない。最も優れた小説家ですら、外側から中をのぞきこむのだ。

下線部の前後の「登場人物の深い～」から、**recesses**が「心の奥底」という意味で使われていると判断する。④ **inner parts「内部」が一番近いので、正解**。①「秘密の場所」、②「休憩所」、③「楽しい所」の意味。

7 正解：② 形容詞

訳：すみませんが、スピーカーのアナウンスに気をとられて、あなたの発言に集中できませんでした。

distract「気をそらす」は感情動詞の一種で、主語が感情を引き起こす原因の場合は**distracting**「気をそらせるような」と現在分詞で使うので、②**が正解**。①は名詞で「気をそらせること」、③は動詞、④は副詞で「取り乱して」の意味なので、空所には入らない。**感情動詞の【応用編】**をまとめる。

総まとめ POINT 3 感情動詞【応用編】

tire「疲れさせる」／ **exhaust**「ひどく疲れさせる」／ **confuse**「混乱させる」
distract「気を散らせる」／ **annoy**・**irritate**「イライラさせる」
frighten・**terrify**「怖がらせる」

8 正解：② 副詞

訳：私はサンプルのいっぱい入ったフラスコを落としてしまい、それによって実験全体を台無しにしてしまった。

空所の前後の「サンプルのいっぱい入ったフラスコを落とした」、「実験全体を台無しにした」という文脈を理解する。「フラスコを落としたこと**によって**実験全体を台無しにした」とつながるので、② **thereby「それによって」が正解**。①「今後は」、③「～だが一方」、④「～する所はどこでも」の意味。

9 正解：② 動詞の語法

訳：天気予報によると、ハリケーンがフロリダに近づいている。

空所の後ろに名詞があるので他動詞を予測して、①、②、③に正解の候補を絞る。空所の前後の「ハリケーンがフロリダに～」から、「近づいている」と文脈を読んで、②**が正解**。他動詞なので、**approach O**「Oに近づく」でおさえておく。①「達成する」、③「～より先に起こる」、④、⑤は自動詞で「進む」の意味。**自動詞と間違えやすい他**

動詞をまとめる。

総まとめ POINT 4 自動詞と間違えやすい他動詞

discuss O「Oについて話し合う」／ **marry O**「Oと結婚する」
reach O「Oに到着する」／ **resemble O**「Oに似ている」
mention O「Oに言及する」／ contact O「Oに連絡する」
approach O「Oに近づく」／ oppose O「Oに反対する」

10 正解：④ 熟 語

訳：中枢神経系の不調は、様々な精神的、肉体的異常の原因となる可能性がある。

選択肢から、因果関係を作る表現の問題とわかる。①、②、③、⑤はすべて因果関係を作るが、④ lead onは「(人)をだます」で、意味が通らないので空所に入らず、**これが正解**。lead toにすれば因果関係を作る表現になる。①、②、③「引き起こす」、⑤「～という結果に終わる」の意味。**因果関係を作る表現**をまとめる。

総まとめ POINT 5 因果関係を作る表現

cause ／ lead to ／ bring about ／ result in give rise to ／ contribute to ／ account for be responsible for	～を引き起こす
attribute A to B ／ A be attributed to B ／ owe A to B A result from B ／ A stem from B	AはBが原因だ

2

1 正解：⑤－④－①－⑥－②－③ 関係詞・動詞の語彙

完成した英文：**Sam (coveted the piece of gingerbread the baker's daughter brought) to school each day and decided to pray for it fervently.**

日本語の「パン屋の娘が持って来るジンジャーブレッド」から、**SがVする** 名詞 の骨格を見抜いて、この場合は英語では 名詞 **SV**に置き換える。よって、**gingerbread the baker's daughter brought**とする。「一切れ欲しくてたまらず」から、Sam **coveted the piece of gingerbread the baker's daughter brought** ~. で完成。covet「切望する」の意味。

2 正解：①－④－⑤－②－③ 関係詞・熟語

完成した英文：**There are a number of in-car navigation systems available in prototype form, the most (advanced of which are linked) to global positioning satellites.**

訳：試作品として入手可能な車載用のカーナビがいくつかあり、その中で最も進んだものは、全地球測位衛星とつながるものだ。

空所の前のthe mostから、後ろに形容詞や副詞に相当する語句を予想して、①を続ける。There are ~と②の動詞をつなげるには、関係詞か接続詞が必要なので、④、⑤を使って、~, the most **advanced of which**まで並べる。先行詞はin-car navigation systemsである。残りの②、③と空所の後ろのtoで、**be linked to**「～とつながっている」を予測して、the most **advanced of which are linked** to global positioning satellites. で完成。

3 正解：⑥－②－④－③－⑦－⑤ 比 較

完成した英文：**The smaller the garden is, (the easier it is to look) after it.**

空所の前のThe smallerと⑥、②から、**the** 比較級 **~, the** 比較級 **....**「～すればするほど、それだけますます…」を推測して、The smaller the garden is, **the easier**まで並べる。④、③、②、⑦から、形式主語のitを推測、空所の後ろのafterと⑤から、look after「世話をする」を推測して、**it is to look** after it. と続けて完成。元々のit is easy to look after itのeasyが、the 比較級 になって前に出た形。①が不要語。

4 正解：③－⑤－①－②－④－⑥ 分詞・文型

完成した英文：**We cannot rely on the results of this experiment as evidence until at least one follow-up experiment (conducted under comparable conditions gives us) similar results.**

訳：同等の条件下で行われた、少なくとも1つの追跡実験で、似たような結果が出るまで、私たちはこの実験の結果に、証拠として頼ることはできない。

④から、**give O_1 O_2**を推測し、空所の後ろのsimilar resultsをO_2と考えて、**gives us** similar resultsと並べる。untilの後ろのat least one follow-up experimentをS、givesをVと予測して、残った選択肢の③は過去分詞で使うと判断する。⑤、②から、**under ~ conditions**「～な状況下で」を推測して、~ one follow-up experiment **conducted under comparable conditions gives us** similar results. で完成。

5 正解：①－④－②－⑥－③ 動詞の語彙・代名詞

完成した英文：**(I owe it to my) mother that I have been successful so far.**

訳：私が今のところ成功できているのは、母のおかげだ。

④、⑥から、**owe A to B**「AはBが原因（のおかげ）だ」を予測する。空所の後ろのthat ~を形式目的語のitで受ける形を推測して、**I owe it to my** mother that ~で完成。⑤が不要語で、thank A for B「AにBで感謝する」の形で使う。

3

1 正解：③ ⇒ what if 疑問

訳：ギターであれテニスであれ、もしあなたが何かを得意になりたいなら、大事なのは練習だ。何かを何度も何度も繰り返すと、脳は最終的にそれを習得できる。しかし、脳が習得する準備がとてもよくできていて、何かをそんなに何回も練習しなくてもすむとしたらどうなるだろうか。

③はifのままだとif S'V', SV.でなければならないが、本問はその型になっていない。「何度も繰り返しやれば、脳はそれを習得できるが、何回も練習しなくてもよいくらい脳が準備ができていたら…」という文脈からも、**what if「～したらどうなるか」にする**のが正しい形とわかる。①「～だろうと…だろうと」、②「最終的に」、④so ~ that ...「とても～なので…」のthat。

2 正解：③ ⇒ conflicting 時制・動詞の語法

訳：私はコンサートの成功を確実にする彼の努力を評価しているけれど、彼の活動は、そのミュージシャンに、彼らが必要とする柔軟性を与える私の意図と矛盾している。

conflictは名詞で「紛争」、動詞ではconflict with「～と対立する」という意味だが、本問のようにareの後ろに置くと動詞が連続してしまう。**be conflicting with**にすると進行形で「～と矛盾している」となるので、**③をconflictingにする**のが正しい形。①「評価する」、②は不定詞の形容詞的用法と名詞節を作るthatの組み合わせで「～することを確実にする」、④はthe musiciansを受ける代名詞で、直前に関係詞が省略されている表現。

3 正解：② ⇒ much less 比較・形容詞

訳：しかしながら、ボタンをクリックすれば、ネットで商品を買うのがはるかに簡単であるにもかかわらず、顧客がネットの買い物で費やすお金は、実店舗での買い物で使った平均額よりもずっと少なかった。

the money customers spentが 名詞 SVの並びなので、関係詞の省略と判断する。when shopping onlineは、whenの後ろにcustomersを受ける代名詞のtheyとwereが省略されていると判断する。すると、was still much fewerに対応する主語はthe moneyと判断できる。**moneyは不可算名詞で、「多い」、「少ない」は、much、littleで表す**ので、**②をmuch lessにする**のが正しい形。

4 正解：④ ⇒ including 前置詞

訳：今日の学生は、自分たちを、スマートフォン、タブレット、電子書籍を含んだテクノロジーに囲まれて育った最初の世代である、デジタルネイティブとみなしている。

文のSVは、Today's students seeで、the first generation以下がdigital nativesに対する同格表現。to grow upは不定詞の形容詞的用法で、surrounded

は分詞構文と判断できるが、④のincludeは動詞のままではここには置くことができない。前置詞に変えて「スマートフォン、タブレット、そして電子書籍**を含んだ**テクノロジー」という意味になるように、④**をincludingにする**のが正しい形。①はsee A as B「AをBとみなす」のseeで問題のない表現。

5 正解：④ ⇒ succeed in[be successful in] 品詞

訳：批評家は芸術家と同様に、オペラとバレエの組み合わせのような融合芸術に広い関心があり、それらを促進するのに成功するかもしれない。

successは名詞なので、mayのような助動詞の後ろには置くことができない。よって、④**を動詞のsucceed inにするか、形容詞を使ったbe successful inにする**のが正しい形。①はS no less than S' V.で「S'と同様にSはVする」の構文。②のinterestは可算名詞なので複数形で問題ない。「～への関心」は、interest inで表す。③はB such as Aで「AのようなB」の意味。

DAY 3

1

1 正解：① 疑問

訳：大量の証拠が、彼が戦犯として有罪だと示していましたよね？

選択肢から付加疑問の問題と判断する。**肯定文は否定の付加疑問を続ける**ので、①、②、③に正解の候補を絞る。文のSVは、The large body of evidence indicatedなので、didn't it?で受ける①**が正解**。

2 正解：② 名詞の語彙

訳：彼の叔母のアップルパイはとても美味しかったので、彼はお代わりをした。

so ~ that ...は前後に因果関係を作る。「**アップルパイがとても美味しかったので、**～」から、「さらに食べた」という結果を予測して、**have a second helping**「**お代わりをする**」となる②**が正解**。helpingで「(食べ物の) 1杯」を表すので、**second helping**で「お代わり」の意味になることをおさえておく。①「質」、③「分配」、④「量」の意味。

3 正解：④ 名詞の語彙

訳：私たちは、自分たちをライバルとはみなしていないが、中には、そうみなす人もいる。

opponentは「敵、相手」の意味で、**rival**「競争相手」が一番近いので、④**が正解**。①「同僚」、②「革新者」、③「自由主義者」の意味。

4 正解：② 熟語

訳：その戦争の後、その家族はとてもわずかな収入に頼らざるをえなかった。

空所の後ろのback onと②から、**fall back on**「～に頼る」を推測する。「その戦争の後、その家族はとてもわずかな収入に**頼ら**ざるをえなかった」と意味も通るので、②**が正解**。他の選択肢は、back onと続けることができない。**「～に頼る」の表現**をまとめる。

総まとめ POINT 6 「～に頼る」の表現

depend on ／ rely on ／ count on ／ fall back on ／ rest on

5 正解：②

動詞の語彙・熟語

訳：小説における同時発生は、話の筋が破綻している印になることがあるが、最も偉大なフィクション作品の中には、それを利用しているものもある。

exploitは「開発する(**利用する**)、搾取する」などの意味があり、本問では「最も偉大なフィクション作品の中には、それを**利用している**ものもある」の意味で使われていることをおさえる。depend onには「依存する」という強い意味に加えて、**「当てにする」**という意味もあり一番近いので、②**が正解**。①「〜から生じる」、③「〜を補う」、④「離陸する、脱ぐ、うまく行き始める」の意味がある。

6 正解：④

熟　語

訳：総理大臣は、新法が気に入らないことを表明する際、遠回しに言わなかった。

beat around the bushは「茂みの周りをつつく」＝「遠回しにものを言う」で、**hesitate**「遠慮する」が一番近いので、④**が正解**。①「批判する」、②「議論する」、③「理解する」の意味。

7 正解：④

熟　語

訳：バランスの良い食事をとっていないと、病気になりがちである。

空所の前後のare、toと④から、**be liable to do**「〜しがちである」を推測する。「バランスの良い食事をとっていないと、病気に**なりがちである**」と意味も通るので、④**が正解**。①「欺(あざむ)かれた」、②「絶滅して」、③「免疫のある」で、意味が通らない。

総まとめ POINT 7 「〜する傾向にある(〜しがちである)」

tend to do ／ be likely to do ／ be inclined to do ／ be liable to do
be apt to do ／ be prone to do ／ be disposed to do

8 正解：①

名詞の語彙

訳：彼は確かに私たちの計画の知的リーダーなので、あらゆる称賛に値する。

空所の前後のwas、the、behindと①から、**be the brains behind**「〜の知的リーダーである」を推測する。「彼は確かに私たちの計画**の知的リーダーな**ので、あらゆる称賛に値する」と意味も通るので、①**が正解**。グループの知的リーダーを「ブレーン」ということからも推測できる。②も「頭脳」の意味はあるが、behindを続けられない。③、④はいずれも「考え」の意味。

9 正解：②

名詞の語彙

訳：彼女のスピーチの後に、大きな拍手が続いた。

S be followed by ~は「Sの後に〜が続く」という意味なので、「スピーチの後に続く大きな〜」に、**applause**「拍手」がふさわしいと考えて、②**が正解**。①「尊敬」、

③「賞」、④「圧迫」、⑤「特権」は、スピーチの後に続き、loud「音の大きな」で修飾されるべきものではない。

***10 正解：⑥** 形容詞

訳：彼が破産することは、確実だ[疑わしい、可能性がある、残念だ、不運だ]。

It is ( ) that ~. で形式主語の構文であると判断する。空所には名詞や形容詞が入るが、①~⑤まですべて使うことができるので、**⑥が正解**。

2

1 正解：②−⑤−④−③−①−⑥ 動名詞

完成した英文：**Having observed an active volcano, I learned that there is an (undeniable attraction to being so close) to a piece of the wild.**

「否定しがたい魅力がある」から、~ there is an **undeniable attraction**まで並べる。「大自然の物にかなり接近することには」から、**to being so close** to a piece of the wild. で完成。

2 正解：③−⑤−⑥−①−④−② 熟語・関係詞

完成した英文：**They cast (doubt even on what they believe is correct), in order to make a breakthrough and develop a new theory.**

訳：研究者たちは、最初にすべてを疑うという点で、探偵に似ていると言われている。彼らは、大発見をして新しい理論を確立するために、自分たちが正しいと信じているものにすら疑いをかける。

空所の前のcastと③、⑤から、**cast doubt on**「~に疑問を投げかける」を推測して、They cast **doubt even on what**まで並べる。whatと⑥、①、④から、SVVの並びになる連鎖関係詞を推測して、**what they believe is correct**「彼らが正しいと信じるもの」と並べて完成。

3 正解：⑤−④−③−②−① 受動態

完成した英文：**In his childhood, my brother (was told to get dressed) neatly almost every day.**

訳：私の弟は、子ども時代にほぼ毎日、身だしなみをきちんとするように言われていた。

⑤、④、③と②や⑥から、**tell O to do**「Oに~するように言う」の受動態である**be told to do**を推測して、~ my brother **was told to**まで並べる。②、①を使うと**get dressed**「服を着る」になるので、**get dressed**と続けて完成。⑥が不要語。

4 正解：⑤−⑧−①−⑦−②−④−⑥−⑨−③ 助動詞

完成した英文：(You might as well step on a landmine as invest in his business venture).

⑧、①、④から、**might as well A as B**「BするのはAするようなものだ」を推測して、**You might as well**まで並べる。「彼の投機事業に投資するなんて、地雷を踏むようなものだよ」から、**step on a landmine as invest in his business venture**.で完成。

5 正解：⑤−①−⑥−②−④−③ 熟語・接続詞

完成した英文：**I'm not sure, but** (rumor has it that the company will) **release some new products soon.**

⑤、①、⑥、②から、**Rumor has it that ~.**「〜という噂が立っている」を推測して、**rumor has it that the company will**で完成。that節がhaveの目的語になれないことから、形式目的語のitが使われている表現。

3

1 正解：③ ⇒ from 接続詞

訳：ガリレオの科学への興味は、数学そのものに格別に魅了されていたからではなく、宇宙がそのように機能する方法や理由を理解することへの強い興味から生まれたように思える。

①の後ろのnotと②の後ろのbutで**not A but B**「AではなくB」を推測する。「ガリレオの科学への興味は、数学そのものに格別に魅了されていた**からではなく**、宇宙がそのように機能する方法や理由を理解することへの強い興味**から**生まれたように思える」と意味も通るが、この場合、AとBに同じ形のfrom ~を続けたいので、③**をfrom**にする**のが正しい形。**not A but Bのbutの後ろに、ratherや本問のようにinsteadが入って強調される形**をおさえておく。①はspring from「〜から生じる」のspringが完了形のhave sprungとなった表現。②はas such「それ自体で」、④は「振る舞う」の意味で使われている。

2 正解：② ⇒ when they visit 接続詞

訳：これは、ネットでの買い物が画像や短い商品説明に頼ることになるのに対し、客が自分で店を訪れる場合は、品物を買う前によく調べたり試したりできるからだ。

③の**whereasは対比を作る**ので、**online shopping「ネットでの買い物」と「実店舗での買い物」の対比**に気づく。すると、「onlineでshoppingをするとき」と、「実店舗に行ってshoppingをする**とき**」を対比させているとわかるので、②**をwhen they visitにする**のが正しい形。①「調べることと試すことができる」、③「〜に対して」、④「商品の説明」の意味で、問題のない表現。

3　正解：③ ⇒ requiring　　分詞

訳：教師、親、政策立案者はその影響が高まっているのを確かに認識しており、同じ形で応じてきた。2009年には、2020年までにすべての大学の教科書が電子形式で利用できるように要求する法律が、カリフォルニアで可決された。

③の前後のa lawとthat all college textbooks be available ～は「法律がthat以下を要求する」と能動の関係なので、**③を能動の意味を持つ現在分詞のrequiringにする**のが正しい形。①「増している」でinfluenceと能動の関係なので、現在分詞で問題ない。②はTeachers, parents and policymakersが主語なのでhave respondedで問題ない。④はrequireの目的語のthat節内の動詞であり、命令・要求・提案のthat節では、動詞の原形かshould＋動詞の原形を使うので、beで問題ない。

4　正解：③ ⇒ tiring　　感情動詞の分詞

訳：最終試験のためにとても熱心に勉強してきたので、私は弟のサッカーチームの練習を手伝うのは、あまりにしんどいと感じる。

この文はfind O CのOに形式目的語のitが使われていて、itはto help train my brother's soccer teamを指すと判断する。Cにあたるtire「疲れさせる」と能動の関係になるので、**③を現在分詞のtiringにする**のが正しい形。① 分詞構文で、主節より以前を表すのでhaving p.p.を使って問題ない。②「とても熱心に」、④はhelp do「～するのを助ける」のdoにtrain「訓練する」が使われた表現で、問題ない。

5　正解：③ ⇒ it　　代名詞

訳：先週、私は「地域福祉」に関する講習会に参加して、あなたの「リーダーシップ」に関するプレゼンに興味を持ちました。ひょっとしたら、あなたはそのテーマに関する論文を書いたことがありますか？　もしそうなら、私に一部をメールで送っていただけると、とてもありがたいのですが。

③の前後のI would ~ appreciate、if から、**I would appreciate it if ~**.「～してくれたらありがたいのですが」を推測して、**③をitにする**のが正しい形。itはif節の内容を指す。①「～に関する」、② by any chance「ひょっとして」のbyで問題のない表現。

DAY 4

1

1 正解：③ 関係詞

訳：その新しい規制は、地元の産業を保護することに成功して、その上、多くの新しい雇用を作り出すことに結びついた。

空所の前後で、「地元の産業の保護、新しい雇用創出」という2つのプラスの内容を並列していると把握する。**what is more**「その上」が情報を追加して述べる表現なので、③**が正解**。①「念のため」、②「それどころか」、④「すなわち」の意味。

2 正解：① 否定

訳：あるとしても、問題はほとんどないだろう。

空所の前後から、**little, if any, ~**「あるとしても、～はほとんどない」を推測する。「**あるとしても**、問題は**ほとんどないだろう**」と意味が通るので、①**が正解**。類似の表現として、**seldom[rarely], if ever, ~**「あるとしても、めったに～ない」もおさえておく。両方とも、否定語のlittleやseldomを強調する表現。

3 正解：② 形容詞

訳：本当にプロフェッショナルなバーの経営者は、質の高いサービスを事（こと）もなげにする。

文の意味の「本当にプロフェッショナルなバーの経営者は、質の高いサービスをほぼ～ように見せている」から、**effortless**「努力を必要としない、楽な」が意味が通るので、②**が正解**。①「注意不足の」、③「役に立たない」、④「無駄な」の意味。

4 正解：④ 熟語

訳：とりわけ、つたない小説では、語り手が登場人物の深層を肉付けできていないことが時々ある。

小説の登場人物の深みに肉付けするという文脈を理解する。**flesh out**は「～に肉付けする」という意味なので、fully develop「十分に発達させる」が一番近い。よって、④**が正解**。fleshは名詞で「肉体」、動詞では**flesh out**で「肉付けする」の意味で使われることをおさえておく。①「～を手伝う」、②「十分に増やす」、③「～に沈み込む」の意味。

5 正解：① 名詞の語彙

訳：新しい体育館の建設は、昨年完成する予定だったが、木材の不足が阻害していた。

hindrance「障害」の意味で、**obstacle**「障害」が一番近いので、①**が正解**。動詞形のhinderは**hinder O from doing**「Oが～するのを妨げる」で使うこともおさえておく。②「不正」、③「冒険」、④「出来事」の意味。

6 正解：② **比較**

訳：訪れたすべての国の中で、フランスが断然マーサのお気に入りだ。

空所の後ろのfarと②から、比較級、最上級を強調する**by far**「断然」を推測する。「フランスは**断然**マーサのお気に入りだ」で意味も通るので、②**が正解**。**favorite**「大好きな」は最上級の意味が込められていることをおさえておく。④はfarを強調して「遠すぎる」のような意味は作れるが、後ろのher favoriteを続ける表現ではない。

7 正解：④ **形容詞**

訳：私は全体の状況がとても奇妙だと思った。

bizarre「奇妙だ」の意味で、**strange**「奇妙だ」や**odd**「奇妙だ」と同義なので、④**が正解**。①「楽しい」、②「害のない」、③「悲痛な」の意味。

8 正解：① **関係詞**

訳：幸運にも、私は良い地図を持っていたが、それがなかったら道に迷っていただろう。

空所の前は「幸運にも、私は良い地図があった」、後ろは仮定法で「道に迷っていただろうに」という意味であることを把握する。①のwithoutには、仮定法でif節の代用となる「～がなかったら」の用法があり、**「それ（良い地図）を持っていなかったら、**道に迷っていただろうに」と意味も通るので、①**が正解**。②「その結果～」、③「そういうわけで～」、④「それ以来ずっと」、⑤「だがしかし」で、いずれも意味が通らない。

9 正解：③ **関係詞**

訳：これは、私たちがチームに役立つと思う計画だ。

選択肢から関係詞の問題と判断する。空所の後ろがwe believe will beとSVVの並びなので、**連鎖関係詞**と判断する。先行詞はthe planで「もの」、**後ろの文ではwill beに対する主語が欠けている**ので、主格の関係代名詞の③**が正解**。①、②は後ろが完全文のときに使う。④は先行詞が不要。

***10** 正解：④ **文型・動詞の語法**

訳：私たちは祖父にスマートフォンを使うように説得した［すすめた］。

空所の後ろのour grandfather to useから、**SVO to do**の型をとる動詞を予測する。①、②、③、⑤はとれるが、suggestはとれないので、④**が正解**。それぞれ、①**convince O to do**「Oを～するように説得する」、②**encourage O to do**「Oを～するようにすすめる」、③**persuade O to do**「Oを説得して～させる」、⑤**urge O to do**「Oを～するように説得する」でおさえておく。

2

1 正解：⑥－⑤－②－④－③－①　接続詞・省略

完成した英文：When the blood transfusion was attempted for the first time in history, taking blood from one human and putting it in another was understood, but storing that blood (so it didn't spoil was not).

「その血を腐らせないよう保管することは理解されなかった」と空所の前のstoring that bloodから、まず「**その血を腐らせないように**」に相当する英語表現を考える。⑥から、**so that**「～するように」のthatが省略された形を推測して、storing that blood **so it didn't spoil**まで並べる。残った**was not**を最後に並べて完成。understoodがbutの前に登場しているので、省略された形ととらえる。

2 正解：①－③－⑥－⑤－②　関係詞

完成した英文：I was surprised to learn (about the speed with which the fire) spread in the nearby forest.

訳：私は、その火事が近くの森で広がるスピードを知って驚いた。

learnの目的語に相当する名詞を探すと、② the fire、③ the speedの可能性があるが、空所の後ろのspreadに対応する主語として②が適しているので、③をlearnの目的語に置く。⑤でthe speedに説明を加える関係詞節を作るが、先行詞のthe speedは、**with ~ speed**「～なスピードで」と、withと相性が良いので、~ learn **the speed with which the fire** spread in the nearby forest.まで並べる。残った選択肢は、① aboutと④ whatで、④はどこにも置けないので不要語となるが、aboutはlearnの後ろに置いてlearn about「～について学ぶ」と使うことができるので、~ learn **about the speed with which the fire** spread in the nearby forest.で完成。

3 正解：⑨－⑤－①－②－⑧－④－⑦－⑥－③　倒置・接続詞

完成した英文：Such (was the bravery he showed that almost all his friends were deeply impressed).

「勇気は相当なものだったので」と空所の前のSuchから、the bravery was such that ... の倒置したSuch **was the bravery that** ... . を推測する。「彼が見せた勇気」から、関係詞の省略も予測して、Such **was the bravery he showed that**まで並べる。「友人たちがほぼ全員強い感銘を受けた」と④、⑦から、**almost all**「ほぼすべての」を使って、**almost all his friends were deeply impressed**. で完成。

4 正解：⑤／③／②－①／④　倒置・関係詞

完成した英文：(With) the French Revolution (in) 1789 (began) (a) change that swept across Europe and created the political landscape in (which)

we live today.

訳：1789年のフランス革命から、ヨーロッパを席巻(せっけん)して、現代の我々が生きる政治情勢を作る変化が始まった。

最初の空所には、後ろが名詞なので前置詞の③か⑤を推測するが、2番目の空所の後が1789なので、年号と相性の良い③を2番目に置いて、**With** the French Revolution **in** 1789まで並べる。ここまでと選択肢で主語がないのでMVSの形の倒置を推測して、動詞の②、冠詞の①を続け、a change以下が主語になる形にする。つまり、**With** the French Revolution **in** 1789 **began a** change that ～と並べる。残った④を最後の空所に入れて、in which ～の関係詞節がthe political landscapeを説明する形にして完成。

5 正解：④－①－③－⑥－⑤－② 接続詞・省略

完成した英文：**This hotel is not** (responsible for any valuables unless deposited) **at the front desk.**

訳：フロントにお預けにならない限り、当ホテルは、いかなる貴重品にも責任を持ちません。

空所の前のis、④、①から、**be responsible for**「～に責任がある」を推測する。valuables「貴重品」とanyを使って、This hotel is not **responsible for any valuables**まで続ける。⑤は接続詞なので後ろにSVを予測するが、相当するSVがないので、省略されていると判断する。any valuablesを受ける代名詞であるtheyを使って、unless they are deposited at the front desk「それらをフロントに預けない限り」を予測して、they areが省略された、**unless deposited** at the front desk.で完成。

3

1 正解：② ⇒ she was able 形容詞

訳：すごく努力をしたので、彼女は昨年のチャンピオンを打ち負かし、優勝することができた。

possibleは人を主語にして使えないので、②を**she was ableにする**のが正しい形。**possible、convenientは人を主語にとれない形容詞**であることをおさえておく。一方で、impossibleはHe is **impossible** to get along with.「彼と上手くやっていくのは不可能だ」のように人を主語にできることもおさえておく。①は完了分詞構文で、主節より以前から「努力をしていた」ので、問題ない。③「昨年のチャンピオンを倒す」、④「そして優勝する」で、winはdefeatとの並列で、問題のない表現。

2 正解：④ ⇒ waiting to get　　**接続詞**

訳：商品を返品するのも、ネットで購入した場合よりも、お店で購入した場合のほうが簡単だ。ネットで買ったものを返品する場合、通常その会社のウェブサイトのフォームに記入して、商品を返送するために郵便局に行ってから、返金されるのを待つことになる。

④の前にあるandは、meansの目的語であるfilling ~、making ~とwait to ~の並列と気付けば、**④をwaiting to getにする**のが正しい形とわかる。「ネットで買ったものを返品する場合、通常その会社のウェブサイトのフォームに記入して、商品を返送するために郵便局に行ってから、返金されるのを待つことになる」と意味も通る。①は、itemsを先行詞とする関係詞節の一部であるthat are purchased「購入される」という表現。② fill out「記入する」が目的語にa formをとって動名詞になった表現、③はmake a trip「出かける」が動名詞になった表現。

3 正解：③ ⇒ 削除　　**動詞の語法**

訳：バイデン協会は緊急に行動して、すべての地域で検査能力と利便性を向上させるために、主要な研究所にオルソポックスウイルスの検査器具を輸送し始めた。

③の前後は、「すべての地域で、検査能力と利便性**を向上させる**」と**increaseが他動詞**で使われていることが推測できるので、inが不要になる。よって、**③のinを削除する**のが正しい形。① with urgency＝urgentlyで「緊急に」、② ship A to B「AをBに輸送する」、④は場所を表すin。

4 正解：② ⇒ a very successful　　**形容詞の語彙**

訳：私たちのメッセージは少なくとも100万人の人に届いており、全体的に見て、私たちはとても成功したキャンペーンを開始した。

successiveは「連続した」という意味で、veryでは通常修飾しない。後ろの「メッセージが少なくとも100万人の人に届いている」から、「とても**成功した**キャンペーン」と推測できるので、**②をa very successfulにする**のが正しい形。①「全体的に見て」という意味の表現。③は付帯状況のwithのwith O CのCにreaching「～に達している」が使われている表現。④は「少なくとも」の意味。

5 正解：① ⇒ at　　**前置詞**

訳：私は地域の名産を研究している青山学院大学の学生です。2020年の3月4日に開催されるあなたのマーケティング講習会に、ぜひ参加させてください。

「～大学の学生」と言いたいときは、a student of ~ universityとせずに、**a student at ~ university**とするので、**①をatにする**のが正しい形。場所のatから広がって、所属を意味するようになった。②は「研究している」という意味で、現在分詞でa studentを修飾している。③は、先行詞のyour marketing workshopを修飾する節を作る関係代名詞。④はtake place「開催される」のplace。

DAY 5

1

1 正解：③ 前置詞

訳：私の大学での研究の3年目が終わりに近づくにつれて、私は自分の受けた教育を振り返るようになっている。私の大学での経験は、それだけの価値があったのか？

選択肢の意味はいずれも「～に値する」、「～の価値がある」だが、①、②のdeserveは受動態や進行形では使わない。④はworth「～の価値がある」＋ while「時間」＝「時間をかける価値がある」＝「やりがいのある」という形容詞なので、後ろにitを置くことができない。③は**前置詞で後ろに代名詞のitを置くことができる**ので、正解。

2 正解：④ 分詞

訳：それは、法学部の学生の必修科目だ。

空所の後ろの「法学部の学生」と選択肢から、「必修科目」という意味を推測して、**a required subject**となる④**が正解**。①、③「要求された」が④と意味が近いが、「必修科目」では、requiredを使うことをおさえておく。②「命令された」の意味。

3 正解：② 名詞の語彙

訳：その火山は噴火し続けているので、科学者は地面の割れ目から出ているガスの組成を調べている。

空所の前後が、「地面の割れ目から出ているガスの～を調べている」なので、**composition**「構成、組成」が一番ふさわしい。よって、②**が正解**。①「比較」、③「圧縮すること」、④「構成すること」の意味。

4 正解：④ 名詞の語彙

訳：小説家の従来の作業の1つは、登場人物の動機づけに忠実であるように思わせることだった。その結果、通常繊細な分析とともに共感が芽生えるのだ。

下線部はsubtle「微妙な」の名詞である**subtlety**「微妙さ」で、delicacy「繊細さ」が一番近いので、④**が正解**。①「感性」、②「技術」、③「能力」の意味。

5 正解：③ 名詞の語彙

訳：学会の奨学金の分配は、資金の利用のしやすさにかかっている。

下線部はallocate「割り当てる」の名詞**allocation**「分配」で、**distribution**「分配」が一番近いので、③**が正解**。①「修正」、②「変形」、④「代理」の意味で、いずれも動詞形とセットでおさえておく。①はmodify「修正する」、②はtransform「変形させる」、④はsubstitute「～の代わりをする」の意味。

6 正解：② **熟語**

訳：私はこの手紙を受け取ったが、あなた宛てのものだ。

空所の前後のit'sとforと②から、**be meant for**「～に向けられている」を推測する。「私はこの手紙を受け取ったが、あなた**に向けられた**ものだ」＝「私はこの手紙を受け取ったが、あなた**宛てのもの**だ」で意味も通るので、**②が正解**。①「配達している」で目的語が足りない。③はbe mistaken for「～に間違われる」、④も目的語が足りない。

7 正解：① **副詞**

訳：私は、人生はとても素晴らしいと思った。そうではないと考える理由など、まったくなかった。

otherwiseには「そうでなければ」以外にも、**「別の方法で」**の意味があることをおさえておく。「私は、人生はとても素晴らしいと思った。**別の方法で**（＝そうではないと）考える理由などまったくなかった」と意味も通るので、**①が正解**。②「同じように」、③「その周辺で」、④「～も」、⑤「～も（…ない）」は意味が通らない。

8 正解：③ **不定詞・省略・接続詞**

訳：私は、彼らにあなたの問題について知らせるつもりはない。あなたが私に彼らに知らせることを望まない限り、そうしないことを約束する。

空所の前後の表現から、「あなたが私にそうして（＝彼らにあなたの問題を知らせて）ほしいと望ま**ない限り**、**そうしないことを**約束する」と意味を読み取って、**代不定詞のto**と**unless**「～しない限り」を使った**③が正解**。元々I promise not **to let them know about your problem** unless ~.という表現だったのが、toだけ残して、I promise not **to** unless ~.になった表現。なお、文末のtoも同じ内容の代不定詞。①、②はnotの意味が不明で、④は意味が通らない。

＊9 正解：⑥ **動詞の語彙**

訳：規則はよく廃止される［修正される、破られる、無視される、悪用される］。

選択肢はいずれも使用できるので**⑥が正解**。それぞれ原形は、① abolish「廃止する」、② amend「修正する」、③ break「破る」、④ ignore「無視する」、⑤ misuse「悪用する」の意味になることをおさえておく。

***10** 正解：④ 不定詞

訳：私は、山にハイキングに行くところではない［ハイキングに耐えられない、ハイキングする気になれない、むしろハイキングに行きたくない］。

不定詞の否定語は、not to doで表すので、④は本来**prefer not to do**、あるいは**prefer not doing**「～しないことを好む」で使うので、④**が正解**。①「行くところではない」、②「～に耐えられない」、③「～が好きではない」、⑤「むしろ行きたくない」の意味。

DAY 1 2 3 4 5 6 7 8 9 10 11 12 13 14 15 16 17 18 19 20

2

1 正解：⑧－⑦－①－⑤－②－⑥－④ 動名詞・動詞の語法

完成した英文：**It is true that (taking on a challenge abroad helped build) their self-confidence.**

訳：海外で課題を引き受けることが、彼らの自信をつけるのに役立ったことは確かだ。

空所はthat節の中なので、新たにSVを探すことを把握する。⑥が過去形なので動詞と考えて、④から、**help do**「～するのに役立つ」を推測する。さらに、空所の後のtheir self-confidence「自信」がbuildの目的語になるので、**helped build** their self-confidenceと動詞、目的語を完成させる。残りの選択肢の⑧、⑦で**take on**「～を引き受ける」を推測して、動名詞でhelpedに対応する主語を作る。**taking on a challenge abroad**「海外で課題を引き受けること」をhelpedの主語に置いて完成。③ asが不要語。

2 正解：⑤－⑥－①－④－③ 文型・動詞の語彙

完成した英文：**All parents like to (see their children praised for) their accomplishments.**

訳：すべての親が、自分の子どもがその成果でほめられるのを見るのが好きだ。

空所の前のlike toから、**like to do**「～することが好きだ」を予測して、All parents like to **see**まで並べる。⑤、①、④から、see O Cを予測して、**see their children praised**と続ける。③から、理由のforを推測して、All parents like to **see their children praised for** their accomplishments. で完成。② compliments「お世辞」が不要語。

3 正解：②－① ／ ④－⑤－③ 動詞の語彙・比較

完成した英文：**These flowers (will last) through the winter more (often than not).**

訳：これらの花は、たいてい冬の間じゅうもちこたえるだろう。

3番目の空所の前のmoreと④、⑤、③から、**more often than not**「たいてい」

を推測して、後ろの空所を～ more **often than not**.と並べる。①から、動詞の**last**「続く」を推測して、最初の空所に**will last**と入れて完成。

4 正解：⑤－⑨－②－⑧－③－⑥－④－⑦－① **関係詞**

完成した英文：(I believe a time will come when all people can live peacefully).

「～と信じている」と⑤、⑨から、**I believe**まで並べる。「すべての人々が平和に暮らせるとき」と②、⑥から、関係副詞のwhenを推測して、**a time when all people can live peacefully**まで並べる。「～ときがやってくるだろう」と⑧、③から、**will come**と続けるが、when節が長いので、a timeの後に動詞を割り込ませて、**I believe a time will come when all people can live peacefully**.で完成。

5 正解：⑤－①－②－⑥－④－③ **熟 語**

完成した英文：It is (up to the government to take immediate action on) the growing debt.

訳：増えていく借金に対して、即時の行動を取ることは政府の責務だ。

空所の前のIt isと⑤、②から、形式主語のitを使った、**It is up to ～ to do** ....「…することは～の責任だ」を推測して、It is **up to the government to take**まで並べる。②、④から**take action**「行動を取る」を推測して、⑥をactionの前に置き、**take immediate action**まで並べる。残った選択肢のonを使って、**on** the growing debt「増えていく借金**に対して**」で完成。

3

動詞の語法

1 正解：② ⇒ I would like to congratulate you on being successful

訳：この機会に、この特に難しいコースを記録的な時間で完走したことで、あなたをお祝いしたい。

congratulateは、**congratulate A on B**「AをBで祝う」で使うので、②を**I would like to congratulate you on being successfulにする**のが正しい形。①「この機会に」、③「この特に難しいコースを完走するのに」、④「記録的な時間で」の意味。③のinは、**be successful in**「～に成功する」のin、④はin ～ time「～な時間で」のin。

2 正解：① ⇒ involved in **分 詞**

訳：お店に行くことに含まれる労力は、客が後で再び行かなくてもすむように、必要なもの、あるいは欲しいものを買い足す可能性のあることをも意味する。ネットショップは店が閉まるということがないので、商品をあれこれ見ている間に買わなければというプレッシャーはない。

①のinvolvesは動詞なので、このままだと後ろのmeansの説明が付かない。**過**

去分詞のinvolvedにすると、「お店に行くこと**に含まれる**労力は〜を意味する」と意味も通るので、正解。②はbe likely to do「〜しそうだ」のlikely、③はso that「〜ように」、④は不定詞の形容詞的用法で、「買えという圧力がない」の意味。

3　正解：④ ⇒ between　前置詞

訳：学習と文章理解の研究者として、私たちの最近の仕事は、印刷されたものを読むこととデジタルメディアを読むことの違いに焦点を当ててきた。

differences以下は、「印刷されたものとデジタルメディアを読むことの違い」という意味なので、**differences between A and B**「AとBとの違い」を推測して、**④をbetweenにする**のが正しい形。①は前置詞のasで「〜として」の意味。②は分野のin、③はfocus on「〜に焦点を当てる」のon。

4　正解：④ ⇒ entitled　分詞

訳：以前の研究者が気付いていなかった、小さいが決定的な要点をいくつか提起するために、私たちは『地域研究ジャーナル』に掲載されるように「地域社会の教育サービス」という題名の添付された論文を提出させていただきたい。

entitleは動詞なので、先行する動詞のwould like to submitの後ろに置くことはできない。過去分詞にすると「〜という**題の**添付された論文を提出したい」と意味も通るので、**④をentitledにする**のが正しい形。①、②はfail to do「〜できない」のdoにrecognizeが使われている表現。③「添付された」の意味。

5　正解：② ⇒ have raised　動詞の語法・語彙

訳：テスラとスペースXの最高責任者であるマスク氏が、画期的なNBCの番組のステージに上がるまでの数日、複数の出演者が反対意見を表明する一方で、マスク氏は自分が持つ5,300万のツイッターのフォロワーに直接素案を求めたり、さらには自分自身のアイデアを2、3提案したりさえしている。

riseは自動詞なので、後ろに目的語を置くことができない。**raiseは他動詞**で「〜を提起する」で使えて、objections「反対」を目的語にとれるので、**②をhave raisedにする**のが正しい形。①はtake the stage「ステージに上がる」のtakeに3単現のsが付いた形、③「向かった」、④「(反応を見るために)提案した」の意味。

DAY 6

1

1 正解：③　　**分詞**

訳：今日、娯楽体験を売るという概念が、劇場や遊園地から遠く離れたビジネスで普通のことになりつつある。

空所の前後から、「劇場や遊園地から遠く**離れた**ビジネスで、娯楽体験を売るという概念が、普通になりつつある」と意味を読み取って、受動の意味を持つ**③が正解**。①、②は「移動」の意味なので合わない。

2 正解：④　　**熟語**

訳：皆が自分の意見を言う資格があるが、この場合は事実が、あなたの発言をまったく裏付けていない。

④の**be entitled to**「～の資格がある」という表現を確認して、空所の前後で、「皆が自分の意見を言う**資格がある**が、この場合は事実が、あなたの発言をまったく裏付けていない」と意味が通るので、**④が正解**。①はencounter「～に偶然出会う」の受動態と考えてもtoにつながらない。②は受動態ではbe encouraged to do「～するように促される」で使う。③はbe engaged in「～に従事する」で使う。

3 正解：①　　**形容詞**

訳：歴史の大部分において、その小説は人間の動機の複雑さを伝えるさらに鋭い方法を発見することに徹してきた。

discriminating「鋭い」、「識別力のある」から、**perceptive**「知覚の鋭い」が一番近いので、**①が正解**。② prejudiced「偏見のある」は、discriminate「差別する」から近い意味に思えるかもしれないが、形容詞のdiscriminatingに「差別」の意味はなくdiscriminatoryが「差別的な」の意味なので、正解にはならない。③「政治的な」、④「異なる」の意味。

4 正解：④　　**動詞の語彙**

訳：ジェイクがライバルのバスケットボールチームに加入したとき、彼のファンの多くは彼が自分たちを裏切ったとみなした。

betray「裏切る」から、**disloyal**「忠実ではない」を使った**④が正解**。①「～を疑うもの」、②「～に対して専門家らしくないもの」、③「～に驚いているもの」の意味。

5 正解：①　動詞の語彙

訳：彼らは、祖父母から財産を引き継いだと、よく自慢する。

bragは「自慢する」の意味で、**boast**「自慢する」が一番近いので、①**が正解**。②「強調する」、③「説明する」、④「述べる」の意味。

6 正解：①　代名詞

訳：私の家の隣の空き地は、正確に言うと公園ではなく、どちらかと言うと菜園の一区画のようだ。

as suchには「それ自体で」や「**正確に言うと**」の意味があるので、「私の家の隣の空き地は、**正確に言うと**公園ではなく、菜園の一区画のようだ」と意味が通るので、①**が正解**。②「せいぜい」、③「単独で」、④「自然から」の意味。

7 正解：①　熟語

訳：ジョンはジャネットの足音に振り向いて、彼の表情はまじめだったが、明るくなった。

light up「（表情などが）明るくなる」で、light-lit-litと変化することをおさえる。「ジョンはジャネットの足音に振り向いて、彼の表情はまじめだったが、**明るくなった**」と意味が通るので、①**が正解**。upとともに用いると、それぞれ②「化粧した」、③「上がった」、④「上がった」の意味。

8 正解：②　熟語

訳：あなたが彼女によそよそしい態度をとったとき、彼女がどれほど落ち込んだかに気付かなかったんですね？

空所の前後から、**give O the cold shoulder**「Oによそよそしい態度をとる」を予測する。「あなたが彼女に**よそよそしい態度をとった**とき、彼女がどれほど落ち込んだかに気付かなかったんだね？」で意味が通るので、②**が正解**。

＊9 正解：③　形容詞・熟語

訳：私は毎日同じ工程を繰り返すことができる［繰り返すのが好きだ、繰り返すのにうんざりしている］。

③は通常**be keen to do**「～することを熱望する」で使い、of doingにつながらないので、正解。それぞれ① be capable of「～できる」、② be fond of「～が好きだ」、④ be sick of、⑤ be tired of「～にうんざりしている」の意味。

DAY
1
2
3
4
5
6
7
8
9
10
11
12
13
14
15
16
17
18
19
20

***10** 正解：③ 動詞の語彙

訳：人々の中には、仮説を確認して異議を唱える[拒む、疑う、確証する]のが特に得意な人もいる。

③のdisagreeは**disagree with**「～と一致しない」と使い、直接目的語をとれないので、正解になる。①「異議を唱える」、②「拒む」、④「疑う」、⑤「証明する」の意味。

2

1 正解：⑤－②－①－⑥－④－③ 接続詞・分詞

完成した英文：**Mr. Takahashi used to say: "What is the act of (teaching if not a task concerning) the education of young people?"**

空所の後ろと「若者の教育に関わらない仕事だとしたら」と③から、**concerning**「～に関係する」を使って、**a task concerning** the education of young people と並べる。「教えるという行為の意味はない」とWhat is the act of から、反語を推測してWhat is the act of **teaching** ~?「教えるという行為は何なのか？」と並べる。残った選択肢のif notは、ifとnotの間にit (= the act of teaching) isが省略されていると考えて、**if not a task concerning** the education of young people と並べて完成。

2 正解：①－③－⑥－⑤－④－② 動詞の語法

完成した英文：**She read "Ask, and it shall be given you" from the Bible and (interpreted the verse to mean that earnest prayer would) be answered.**

「その聖句は～ことを意味すると解釈した」と①、③、⑥から、**interpret O to do**「Oが～すると解釈する」を推測して、**interpreted the verse to mean**まで完成させる。「熱心な祈りは叶えられるということ」と⑤から、meanの目的語となるthat節を予測して、**that earnest prayer would** be answered. で完成。prayer「祈り」の意味で、「最も熱心な祈りは答えられるだろう」が意訳されていることに注意する。

3 正解：④－⑥－①－⑤－②－③ 否 定

完成した英文：**The transition from (fossil fuels to alternative energy is far from a smooth one) in many economies.**

訳：化石燃料から代替エネルギー源への移行は、多くの経済で決して円滑な移行ではない。

空所の前のThe transition fromと⑥から、**the transition from A to B**「AからBへの移行」を推測して、The transition from **fossil fuels to alternative energy is**まで並べる。⑤、②からfar from「決して～ない」を推測して、**far from a smooth one** in many economies. で完成。oneはtransitionの代名詞。

4 正解：⑥－②－⑤－④－①－③ **動詞の語法・動名詞・受動態**

完成した英文：**I was getting so self-conscious at the age of 15 or 16 that (the thought of being taken for) a mother and son was awkward for me when we went shopping together.**

「周りの人から親子に見られると思うと」と⑥、②、⑤から **the thought of**「～という考え」、④、①、③から **be taken for**「～と思われる」を推測して、**the thought of being taken for** a mother and son was awkward ~. で完成。

5 正解：②－④－①－⑤－⑥－⑧ **時制・代名詞**

完成した英文：**When Grace came home, (Daniel had been helping himself to) her brandy.**

⑤、⑥、⑧から、**help oneself to**「～を自由に取って食べる[飲む]」を推測して、**helping himself to** を her brandy の前に並べる。「グレースが帰ってきた時」という過去の時点より以前からダニエルがブランデーを飲んでいたので、過去完了進行形を使って、**Daniel had been helping himself to** her brandy. で完成。③、⑦が不要語。

3

1 正解：① ⇒ What made that film interesting to me **文 型**

訳：その映画が私にとって興味深かったのは、その映画を見たことで私が正義についての自分の思い込みを疑わざるをえなくなったからだ。

interest「興味を持たせる」は感情動詞で、make O C の O が that film「映画」なので、「興味を持たせるような」と能動の関係になり、現在分詞の interesting が正しい。よって、**①を What made that film interesting to me にする**のが正しい形。②は the way in which「～する方法」、③は push O to do「O に無理やり～させる」、④は「正義に関する私の思い込み」の意味。

2 正解：② ⇒ it **不定詞**

訳：デジタル教科書のような教室におけるテクノロジーの新しい形式は、より利用しやすいし携帯しやすいが、学生がそれを好むからといって、自動的にデジタルでの読書がより学生の役に立つと思い込むのは間違いだろう。

While S'V', SV. の文構造なので、②を関係詞ではなく普通の主格に変える必要がある。~ would be wrong to assume から、**形式主語の it** を推測して、it would be wrong to assume that ~. とすると「～と思い込むのは間違いだろう」と意味も通るので、**②を it にする**のが正しい形。①は前置詞の like「～のような」、③「～だから」、④は digital reading を指す。

3 正解：② ⇒ either

接続詞

訳：あなたは昨年フランス語とスペイン語の両方を勉強したので、今年は韓国語も中国語も勉強できない。あなたはドイツ語だけを勉強できる。次の２年のうち１年間は、ロシア語か英語を勉強できる。

neither A nor B「AもBも〜ない」と使うので、②を修正する必要がある。前にcannotのnot、後ろにorがあることから、**not ~ either A or B**「AもBも〜ない」を推測する。「あなたは、今年は韓国語も中国語も勉強できない」と意味が通るので、**②をeitherにする**のが正しい形。① both A and B「AとBの両方」のboth、③「〜しか…ない」、④ either A or B「AかBのどちらか」のeither。

4 正解：④ ⇒ deal with it

熟 語

訳：もしあなたが、仕事のストレスから逃れるのを難しく思うたいていの人と同じだとしたら、自分の最も近くにいる人々にそれを押しつける。しかし、そうである必要はない。このように考えてほしい。あなたの仕事のストレスは他の誰のものでもないあなたのものなのだ。それゆえ、それに対処するのは他の誰かの責任ではなく、あなたの責任なのだ。

dealは直接目的語をとらずに、**deal with**「〜に対処する」で使うので、**④をdeal with itにする**のが正しい形。①「ほとんどの人」の意味。②は形容詞のclose「近い」が最上級になって後ろからthoseを修飾する表現。③「〜に属する」の意味。

5 正解：④ ⇒ did

時 制

訳：私たちが到着したとき、そのビーチは人がいないように見えた。しかし、ほとんど間を置かずに、私たちは麦わら帽子を売る子どもたちの大きな集団に取り囲まれた。私は必要になると確信の持てないものを買いたくなかった。しかし、今となっては買って良かったと思う。麦わら帽子を買わなかった私の友人は、ひどい日焼けをした。

第３〜４文から意味をとると、「私は必要だと思わないものを買いたくなかった。けれど、今となっては買って良かった」となるので、**④をboughtの代動詞であるdidにする**のが正しい形。①は**be surrounded by**「〜に囲まれている」のsurrounded、②は現在分詞sellingで、straw hatsまでの分詞のカタマリが、childrenを説明している。③はbe sure「きっと〜と思う」が過去時制で否定形になった形。

DAY 7

1

1 正解：③ 熟語

訳：私たちは、彼らが失敗したことにとても愕然(がくぜん)とした。

be stunned by「～に愕然とする」から、be shocked by「～に衝撃を受ける」が近いので、**③が正解**。① be excited about「～に興奮している」、② be scared by「～を恐れる」、④ be worried about「～を心配する」と使う。**「～に驚く」、「衝撃を受ける」の表現**をまとめる。

総まとめ POINT 8 「～に驚く」・「～に衝撃を受ける」

～に驚く	**be surprised at ／ be amazed at** **be astonished at ／ be taken aback ／ marvel at**
～に衝撃を受ける	**be shocked by[at] ／ be stunned by**

2 正解：③ 名詞の語彙

訳：何百万人もの人々が、飢えや病気のない健康的な生活を送る最も基本的な手段を依然欠いている。

meansは名詞で「**手段**」の意味がある。「健康な生活を送る最も基本的な**手段**」と意味が通るので、**③が正解**。①は動詞で「意味する」、②「意味」、④は動詞の過去形で、いずれも空所には入れられない。

3 正解：② 熟語

訳：悪役は、小説の中ではヒーローより受け入れられていて、実際に魅力的であると時々思える。

at homeは「家にいて」から、「**受け入れられて**」の意味がある。下線部の前後は「悪役は、小説の中ではヒーローより～で実際に魅力的であるように思える」から、**acceptable**「受け入れられる」が一番近いので、**②が正解**。①「快適な」、③「くつろいだ」、④「臆病(おくびょう)な」の意味。**at homeの意味**をまとめる。

総まとめ POINT 9 at homeの意味の広がり

「在宅して」⇒「(我が家のように) くつろいで」⇒「(我が家のように) 精通して」⇒「(我が家のように) 受け入れられて」

4 正解：② 熟語

訳：私の指示に正確に従うことで、マキは研究プロジェクトをうまく完成させた。

to the letter には「文字通りに」から、**「正確に」**の意味がある。「私の指示に**正確に**従うことで、マキは研究プロジェクトをうまく完成させた」と意味が通るので、②**「正確に」が正解**。①「興奮して」、③「爆発して」、④「表情たっぷりに」の意味。

5 正解：④ 仮定法

訳：これから先、万が一会議に間に合わないなら、私たちに知らせるために電話してくれますか？

主節に助動詞の過去形であるwouldが使われているので、仮定法を推測する。if節のin the futureから**仮定法未来**と特定して、**were to do**か**should**を**if**節で使うべきなので、④**が正解**。①は仮定法過去、②、③は仮定法のif節では使わない。

6 正解：① 動詞の語彙

訳：この国の暴力は、地理上特定の場所に集中している。

空所の前後と①から、「この国の暴力は、地理上特定の場所**に集中している**」と読み取って、**be concentrated in**「～に集中している」となる①**が正解**。②「凝縮された」、③「汚染された」、④「契約された」の意味。

7 正解：④ 名詞の語彙

訳：彼女は、自分たちがお互いに何も言うことが見つからないのではないかと恐れていたが、彼女の不安は十分な根拠があるものだった。彼女たちは、まったく何も話さずにテーブルに座っていた。

空所の前の文で「お互いに何も言うことが見つからないのではないかと恐れていた」とあるので、「完全な**沈黙**のままテーブルに座っていた」と意味を読み取って、④**が正解**。**total silence**で「完全な沈黙」の意味になるのをおさえておく。他にも**total stranger**「赤の他人」のように、totalは色々なものを強調して使うことができる。①「議論」、②「約束」、③「恐怖」の意味。

8 正解：② 副詞

訳：その絵画は、私の好みからすると、あまりに色鮮やかすぎる。

farは比較級のほかに**too**も強調できる。**far** too colorful for my taste「私の好みからすると**あまりに**色鮮やかすぎる」と意味が通るので、②**が正解**。①、③はasの用途が不明、④は「私の趣味にはそれほど色を使っていない」で意味が通らない。

***9 正解：④** 動詞の語法

訳：その教師は、その答えを数回確認し［説明し、繰り返さ、書か］なければならなかった。

第3文型のtellは伝達する相手やthat節などを目的語にとるか、tell the truth[a lie] など特定の名詞のみを目的語にとるが、the answerのような通常の名詞を目的語にとることはできない。よって、**④が正解**。①「確認する」、②「説明する」、③「繰り返す」、⑤「書く」の意味。

***10 正解：②** 名 詞

訳：失敗を好機［成功、大勝利、勝利］に変える多くの方法がある。

空所の前にaがあるので、不可算名詞の**prosperity**「繁栄」は空所に入れることはできない。よって、**②が正解**。①「機会」、③「成功」、④「大勝利」、⑤「勝利」の意味で、いずれも可算名詞として使うことができる。

2

1 正解：⑥－①－③－②－⑤－④ 仮定法・助動詞

完成した英文：(I would rather you didn't have) **a karaoke party in the middle of the night.**

「～しないでほしいのですが」と①、③から、**would rather S'V'**「S'がV'することを望む」を推測する。V'は仮定法を使うので、**I would rather you didn't have** ~. で完成。would rather A than B「BよりむしろAしたい」、would rather do「むしろ～したい」、**would rather S'V'**「S'がV'することを望む」の3つの形をおさえておく。

2 正解：⑥－③－⑤－①－④－② 比 較

完成した英文：**More biographical facts are known about** (William Shakespeare than about any other playwright of the period) **except Ben Jonson.**

③、①、④から、最上級相当表現の 比較級 **than any other ~**「他のどの～より…」を推測して、**than any other playwright**まで並べる。「同時代の劇作家」から、**playwright of the period**と続ける。are known aboutの後ろの空所には、aboutの目的語である名詞が入るので、**William Shakespeare**を置く。比較対象は、William Shakespeareとany other playwrightなので、William Shakespeareと同様に、anyの前に**about**を置いて完成。

3 正解：④－②－⑤－①－⑥－③ 関係詞

完成した英文：“Walkability” is a word used (to describe the degree to which an area is friendly to pedestrians).

訳：「ウォーカビリティ」は、ある地区が歩行者にとってどれくらい歩きやすいかを説明するために用いられる言葉である。

②、⑤から、**the degree to which** ~「～する程度」を推測して、**the degree to which**と並べる。関係詞節のSVは、①しかないのと、⑥、③のつながりが見えるので、**an area is friendly to pedestrians**まで並べる。残った選択肢の④を、不定詞の副詞的用法として、最初の空欄に置いて、**to describe the degree to which an area is friendly to pedestrians**. で完成。

4 正解：⑨－②－⑥－⑤－⑧－④－③－⑦ 熟語・比較

完成した英文：Vanessa’s kindness (would do more harm than good for Randolph).

「ランドルフにとって益というよりも害になるだろう」と②、⑥、⑤、⑧、④から、**do more harm than good**「利益より害を与える」を推測して、Vanessa’s kindness **would do more harm than good for Randolph**. で完成。

5 正解：②－⑤－①－③－⑥ 動名詞・準動詞・不定詞

完成した英文：Mark insisted on going ahead with the plan despite (my telling him not to).

訳：私が彼にそうしないように言ったにもかかわらず、マークは、その計画を前に進めるように主張した。

空所の前のdespiteは前置詞なので、後ろに名詞、動名詞を予測する。④と⑤があるが、①、⑥との兼ね合いで、**tell O to do**のdoが省略されたパターンを予測して、despite **telling him to**と並べてみる。「**私がそうしないように言った**にもかかわらず、マークはその計画を前に進めると主張した」と文の意味を読んで、tell O not to (do)と動名詞の主語の②を置いて、~ despite **my telling him not to**. で完成。④が不要語。

3

1 正解：⑤ 文型・分詞構文

訳：あなたが病気の母親の世話をして不在の間に、なぜ他の誰かにあなたのシフトを代わってもらわなかったの？

①、②はget O to do「Oに～させる」とcover「(損失などを) 埋める」が使われている。③は「不在の間」、④は分詞構文でcare for「～の世話をする」が使われていて、すべて問題がないので、⑤**が正解**。

2 正解：③ ⇒ reading　接続詞

訳：私たちの研究は重大な違いを明らかにした。学生は、画面上で読んでいるときのほうが、好ましく成果が上がると言った。しかし、彼らの実際の成績は伸び悩む傾向にあった。

whenの後ろは原則SVが続くが、例外的に主節と同じ主語や、一般人を意味するyouが主語で、be動詞が使われている場合、省略可能になる。本問でもwhenの後ろにthey wereが省略されていると考えて、**③をbe動詞とセットで進行形を作るreadingにする**のが正しい形。①「～を明らかにした」、②「好んだ」、④ tend to do「～する傾向にある」のtended。

3 正解：① ⇒ 2-day　形容詞

訳：東京と箱根を往復する大学駅伝競走の「箱根駅伝」は、大学生の男性ランナーのチームによる2日間のリレーレースだ。そのレースは10の区間に分けられていて、5つは1日目に箱根に向かうもので、5つは2日目に東京に戻ってくるものだ。そのレースのそれぞれの区間で異なるランナーが走り、ランナーの交代は、指定された場所で行われる。

「5歳の少年」のように、**数詞＋名詞をハイフンでつないで形容詞として使う**際は、a five-year-old boyと、数詞の後の名詞を**単数形**にする。よって、①も形容詞として使っているので、**2-dayにする**のが正しい形。②はbe divided into「～に分けられる」のinto。③「（レースの）区間」、④はrun a race「レースを走る」のように使われる他動詞のrunが受動態になった形。

4 正解：④ ⇒ anger　品詞・前置詞

訳：しっかりと確立された科学によると、他の誰かに話しかけるように、自分のことを「私」ではなく名前を使って呼ぶ、名前による独り言は、怒り、ストレス、イライラから心理的な距離を作る自己制御の仕組みだとわかっている。

④は形容詞なので、前置詞fromの目的語として、stressors、frustrationと並列にするには、名詞にする必要がある。よって、**④をangerにする**のが正しい形。①は過去分詞で「確立された」の意味でscienceを修飾する。②「～と話す」、③は分詞構文で「～に言及しながら」の意味。

5 正解：② ⇒ they　代名詞

訳：最初の郵便切手が1840年代に発行されたとき、それらは、形、大きさ、全般的な題材に関するほぼ同一の基準に従っていた。それらは長方形の形をしていた。それらには、君主や政治家の肖像があった。

②のitは、the first postage stampsを指していると推測できるので、**②を複数のtheyにする**のが正しい形。①「発行された」、③「形は」、④はbear「（特徴などを）有する」の過去形。

DAY 8

1

1 正解：④ 動詞の語彙・熟語

訳：EPIの報告が提起しない重要な問題は、CEOの報酬を株式市場というカジノに連動させるのが良い考えかどうかということだ。

「**EPIの報告が～しない**重要な問題は、CEOの報酬を株式市場というカジノ～するのが良いかどうかだ」の最初の～には**bring up**「提起する」を入れると意味が通る。2番目の～に**tie A to B**「AをBと結び付ける」を入れても意味が通るので、**④が正解**。①「やめる」、「延期する」、②「構成する」、「～に対して批判する」、③「～に関係する」、「～でだます」の意味。

2 正解：③ 熟語

訳：観光客の一部は、脇に連れていかれて、収入格差がどのように生活の中で影響しているかについて、インタビューを受けた。

空所の前のplayedと③から、**play out**「進展する」を推測して、「収入格差がどのように生活の中で**進展しているか**」＝「収入格差がどのように生活の中で**影響しているか**」と意味も通るので、**③が正解**。②はplay down「軽く扱う」というイディオムを作る。

3 正解：③ 副詞の語彙

訳：最近の小説のほとんどには、その命運を見守るような主要な登場人物が出てくるが、ほとんどの場合、その命運は、注目すべきほど非英雄的である。

notablyはnote「注目する」＋-able「～できる」＝「注目すべき」が副詞になって「注目すべきほど」となった語なので、③ **remarkably**「注目すべきほど」が正解。①「珍しく」、②「悪名高く」、④「恐ろしいほど」の意味。

4 正解：① 熟語

訳：私の両親は、私にその男の子たちと遊ぶのをやめるように言った。

hang out「外でぶらぶら遊ぶ、付き合う」の意味から、**associating**「交際する」が近いので、**①が正解**。②「別れること」、③「同情すること」、④「口論すること」の意味。**hangを使った重要熟語**をまとめる。

総まとめ POINT 10 hangを使った重要熟語

hang out「外でぶらぶらして遊ぶ」
hang up「電話を切る」⇔ **hang on**「電話を切らずにおく」
hang in the air「空中でぶら下がっている」=「未解決だ」
Hang in there!「がんばれ」

5 正解：① 動詞の語法・語彙

訳：その医者は、ジョンにアルコールを飲むのを控えるように助言した。

下線部は**refrain from**「〜を控える」から、**abstain from**「〜を控える」と意味が近いので、①**が正解**。分離のfromなので、「〜を控える」の意味になる。②「維持する」、③「獲得する」、④「保つ」の意味。

6 正解：① 熟 語

訳：この独特な歴史書は、60年の期間を扱い、10年ごとに、アメリカ南部の物語を伝えている。

空所の前後のdecadeと①を使って、**decade by decade**「10年ごとに」を推測する。「この独特な歴史書は、60年の期間を扱い、**10年ごとに**、アメリカ南部の物語を伝えている」と意味が通るので、①**が正解**。**day by day**「1日ごとに」のように、**時を表す名詞 by 時を表す名詞**で「〜ごとに」となることをおさえておく。

7 正解：① 形容詞

訳：プロテスタントの教義は、イギリスの1689年以降の連続したフランスとの戦争を、国家形成の観点で重要なものにする手助けをした。

successive「連続した」は、**consecutive**「連続した」と意味が近いので、①**が正解**。successful「成功した」と区別しておさえておく。②「爆発しやすい」、③「栄える」、④「実りある」の意味。

8 正解：① 熟 語

訳：ジョンは最近、アクション映画に興味を持っている。

空所の前のofと①で**of late**「最近」を推測する。「ジョンは**最近**アクション映画に興味を持っている」と意味も通るので、①**が正解**。1語でlately「最近」に置き換えられる。②「最も少ない」、③「ほとんどない」、④「長い」の意味。

9 正解：① 熟 語

訳：トムの母親は、彼のひどい成績にうんざりしている。

空所の前後のis、up withと①から、**be fed up with**「〜にうんざりしている」

を推測する。「トムの母親は、彼のひどい成績**にうんざりしている**」と意味も通るので、①**が正解**。②のfeedは「養う」、③、④のfillはbe filled with「～で一杯だ」のように使う。

***10 正解：⑤** 動詞の語法

訳：彼らは、そのプログラムの発達を加速させた［受け入れた、達成した］。

⑤は他動詞の場合、account O C「OをCとみなす」という用法はあるが、基本自動詞で**account for**「～を説明する」のように使うので、空所には入らない。よって、⑤**が正解**。①「加速させた」、②「受け入れた」、③「受け入れた」、④「達成した」の意味。

2

1 正解：⑥－⑤－③－②－④－① 名詞の語彙

完成した英文：**For all the care of words by the lawyer, her speech lacked that vital spark that (comes from the assurance of innocence).**

空所を含む部分が、「無罪を確信しているところからくる」の意味になるはずなので、⑥、⑤で**come from**「～からくる」を推測する。「無罪を確信している」と②、④、①から、「無罪の確信」という名詞句を作ることを推測して、**comes from the assurance of innocence**で完成。

2 正解：④－①－⑤－③－⑥－②－⑦ 熟 語

完成した英文：**The teacher was particularly (anxious that his students should behave themselves).**

訳：その教師は、自分の生徒が行儀良く振る舞うことを特に願っていた。

空所の前のwasと④、①から、**be anxious that**「～を切望している」を推測して、The teacher was particularly **anxious that**まで並べる。that節のVOとして、②、⑦から、**behave oneself**「行儀良く振る舞う」を推測して、**his students should behave themselves**.で完成。

3 正解：⑥－⑤－①－④－③ 関係詞・動詞の語法

完成した英文：**U.S. sales of new DVDs fell by 20 percent this year; (what lies behind it is) a prolonged recession.**

訳：アメリカの新しいDVDの売り上げが今年20%落ちたが、その背後にあるものは、長引く景気後退だ。

⑥を**関係代名詞のwhat**ととらえて、**what lies behind it**「その背後にあるもの」まで完成させる。itは前文の内容を指す。残った選択肢の③ isを続けて、「その背後にあるものは、長引く景気後退だ」で意味が通るので、**what lies behind it is**で正

解。不要語は② due。

4 正解：⑤−①−⑥−③−④ 形容詞・不定詞

完成した英文：**My sister is grateful to** (you for your offer to) **give her a ride every morning.**

訳：私の姉は、毎朝車で送ってくれるというあなたの申し出に感謝している。

空所の前のis grateful toと①から、**be grateful to A for B**「AにBで感謝する」を推測して、My sister is grateful to **you for your offer**まで並べる。④と空所の後ろのgiveから、不定詞の形容詞的用法でyour offerを修飾すると推測する。「毎朝彼女を車で送るというあなたの申し出」と意味が通るので、My sister is grateful to **you for your offer to** give ~. で完成。② nicelyが不要語。nicelyは「上手に」の意味の副詞なので、名詞のofferの前に置けないことに注意する。

5 正解：②−⑥−①−④−③−⑤ 名詞の語彙

完成した英文：**Is** (a second helping of soup free)**?**

「～のおかわり」と②、⑥、①から、**a second helping**「おかわり」を推測する。**helping**で「1杯」の意味があるので、**a second helping**「2回目の1杯」＝「おかわり」の意味になる。free「無料だ」をCで使うので、Is **a second helping of soup free**?で完成。

3

1 正解：③ ⇒ **become** 時制

訳：長引く暑さと雨の期間に、体はエネルギーを失って、結果として私たちは病気によりかかりやすくなる。

②の後ろのandは、the body loses ~とwe became ...を並列しているので、時制を確認する。「長引く暑さと雨の期間に、体はエネルギーを失って、結果として私たちは病気に**よりかかりやすくなる**」から、過去の話ではなくて、現在の話とわかるので、**③をbecomeにする**のが正しい形。①「長引く」、②「失う」、④「病気」の意味で問題のない表現。

2 正解：② ⇒ **is carried out** 受動態

訳：この研究プロジェクトが独立した1つの研究として実施されている間、学生には、1対1のサポートをしてくれて、彼らの研究の進行を監督してくれる指導教官が割り当てられるだろう。

carry outは「～を実行する」の意味なので、本問のようなthis research project「この研究プロジェクト」が主語の場合は受動態で使う。よって、**②をis carried outにする**のが正しい形。①「～する間」、③「～を持つだろう」、④はan allocated mentorを先行詞にとる関係代名詞。

3　正解：⑤　不定詞・名詞

訳：ちょうど森を救うのに複数の理由があるように、海を保護するのにも複数の利点がある。

①のjust as ~は「ちょうど～ように」の意味。②は不定詞の形容詞的用法で、more than one reasonを修飾する表現で、「森を救う複数の理由」、③、④はbenefitの説明で「海を保護する利点」。それぞれ**reason to do**「～する理由」、**benefit to doing**「～することに対する利点」の意味で、どちらも正しいので、⑤**が正解。**

4　正解：② ⇒ taken for granted　時制

訳：そして、それぞれの品目に対するあなたの評価について熟考して、あって当然と思っているあらゆるもの、すなわち、それがなかったら人生が空っぽで意味のないものになってしまう、ものや人、あるいはペットですら思い描いてみなさい。

②の前のyou'veは、you haveの短縮形なので、現在完了を推測して、②**をtaken for granted「当然と思う」にする**のが正しい形。①「熟慮する」、③「～でさえ」、④は仮定法過去の主節で助動詞の過去形＋動詞の原形が使われている形。that以下の関係代名詞節の先行詞は、things or people, even petsになる。

5　正解：③ ⇒ fixed　分詞

訳：西洋世界の人、特にアメリカ人は、時間は元々固定されたもので、私たちの周りにあり、逃れられないもの、つまり、ちょうど私たちが吸い込む空気のように、ずっと存在している環境の一部だとみなす傾向にある。

fixing in natureはsomethingを修飾するので、「元々**固定された**もの」と意味を推測して、③**を受動の意味を持つ過去分詞のfixedにする**のが正しい形。①はtend to do「～する傾向にある」のto、②はthink of A as B「AをBとみなす」のas、④はsomethingを修飾する関係詞節で、escape from ~のfromが前に出てきた形。

DAY 9

1

1 正解：② 動詞の語法・熟語

訳：彼がその機会を見逃すかもしれないとは、私にはまったく思いつかなかった。

空所の前後の**It occurred to 人 that ~.「～ということが 人 の心に浮かんだ」**の表現から、①、②、④に正解の候補を絞る。①は後ろの空所に入るneverが副詞なので、主語のheに対して原形のmissが続いている形になり、合わない。3単現のmissesや過去形のmissedにする必要がある。④は未来完了を使うと意味が通らない。②は、mightは従属節で時制の一致を受けた推量を表せるので正解。③はwere occurredと受動態では使わない。**「(考えが) 人の心に浮かぶ」の表現**をまとめる。

総まとめ POINT 11 「(考えが) 人の心に浮かぶ」の表現

● 考え V 人 ⇒ occur to ／ strike ／ hit ⇒ It occurred to 人 that ~. ／ It struck[hit] 人 that ~.
● 人 V 考え ⇒ hit on[upon] ／ come up with

2 正解：③ 関係詞

訳：オンライン教育の可能性は、まぶしいばかりだ。裕福だろうと貧乏だろうと、若くても年老いても、誰でも、世界の最高の授業を利用し、最高の講義を受講し、いつも夢見ていた科目を勉強することができる。

空所の前後の「たとえお金持ちでも貧しくても、若くても年老いていても、誰でも世界で最高の授業を利用できる」という意味を読み取って、anyoneの代名詞のthey areが省略された**③が正解**。**no matter how rich or poor, or young or old (they are)**の表現。① even if「たとえ～でも」は意味は合うが、本問のように挿入で使わずに、even if ~, SV.やSV even if ~.で使う。②はneither A nor B「AもBも～ない」で使い、④は「たとえ誰が～でも」の意味なので、意味が通らない。

3 正解：② 名詞の語彙

訳：小説は、私たちがすでに読んだものがその意味合いを変えると、新事実なしで完結する。

reveal「明らかにする」の名詞形であるrevelationは「暴露」、「新事実」の意味。surprise「驚き」が一番近いので、**②が正解**。①「結果」、③「衝撃」、④「結論」の意味。

4 正解：② 熟語

訳：ショーンはとても熱心に頑張って、コーチの期待に応えようとしていた。

live up to「～に応える」から、**fulfill**「～を満たす」が一番近いので、②**が正解**。①「特徴づける」、③「課す」、④「覚えている」の意味。

5 正解：①　動詞の語彙

訳：多くの若い学生が、とてもうるさいロックミュージックを聞くことで、聴力を損なっている。

damage「～を傷つける」から、**impair**「（健康など）を害する」が一番近いので、①**が正解**。②「課した」、③「育んだ」、④「住んだ」の意味。

6 正解：④　熟 語

訳：経済政策研究所の報告は、アメリカの企業の最高経営責任者が、2017年に平均して1,890万ドル稼いだという事実に注意を促している。

2番目の空所の前のonは、④と合わさって、**on average**「平均して」の熟語を作ることができる。最初の空所にattentionを入れても、「～の報告は、～という事実に**注意を促している**」で意味が通るので、④**が正解**。

7 正解：④　熟 語

訳：あなたがこの会社の将来の財務計画を作るとき、その数字は総体的に考えなければならない。

空所の前後の「あなたがこの会社の将来の財務計画を作るとき、その数字は～」と選択肢のperspective「総体的な見方」から、「～を総体的に考える」の熟語を推測する。**put O into perspective**「Oを総体的に考える」を受動態にすると、O' be put into perspectiveになるので、④**が正解**。①「より広い観点から遠ざける」、②、③は意味が通らない。

8 正解：②　熟 語

訳：自分の稼ぎを超えた生活を続けてはいけない。

空所の前後のliving、your meansと②から、**live beyond one's means**「収入を超えて生活する」を推測する。「**自分の稼ぎを超えた生活**を続けてはいけない」で意味が通るので、②**が正解**。**meansを使った重要熟語**を紹介する。

総まとめ POINT 12　**meansを使った重要熟語**

by no means「どんな手段でも決して～できない」＝「**決して～ない**」
By all means.「すべての手段を使ってでも」＝「**（誘いに対して）ぜひとも**」
by means of「～という手段で」＝「**～によって**」
live beyond one's means「**収入を超えて生活する**」

9 正解：②　**熟語**

訳：ジェットエンジンの発明は、航空機開発における新時代の到来を告げるものだ。

空所の後ろのa new era「新時代」と②から、**mark a new era**「新時代が始まる印となる」＝「新時代の到来を告げる」を推測する。「ジェットエンジンの発明は、航空機開発における**新時代の到来を告げる**ものだ」と意味も通るので、**②が正解。**①「挑む」、③「押す」、④「回転させる」の意味。

***10** 正解：③　**文型**

訳：私に推薦状を書いていただけませんか？

favor「親切な行為」は、Would you do me a favor?「私に親切な行為を与えてくれますか？」＝「私のお願いを聞いてくれますか？」と使うが、③のようにfor以下でfavorを修飾しない。Would you **do me a favor and write** me a letter ~?のようにするべきなので、**③が正解。**①は 形容詞 enough to do「～するほど 形容詞 だ」、② be willing to do「すすんで～する」、④ consider doing「～することを検討する」、④ Would you mind doing ~?「～してもらえますか？」の表現。

2

1 正解：②－⑤－①－④－③－⑥　**名詞の語彙・分詞・熟語**

完成した英文：**I was shocked by a (commotion caused by a chorus of shouting voices), more in pity than in anger.**

「～が引き起こした騒ぎ」と②、⑤、①から、causeを過去分詞で使って、**a commotion caused by**まで並べる。「一斉に叫ぶ声」と④、③から、**a chorus of**「一斉の～」を推測して、**a chorus of shouting voices**と続けて完成。

2 正解：④－②－③－⑨－①－⑦－⑥－⑧－⑤　**文型・不定詞**

完成した英文：**(Which of your bad habits do you find the most difficult to get rid of)?**

「自身の悪い習慣の中で、～はどれだと思いますか」と④、②から、**Which of your bad habits**と並べる。③、⑨、⑥から、**find O C**「OがCと思う」を使って、**do you find the most difficult**と続ける。OがWhich of your bad habitsで前に出たと考える。「やめるのが～」と、⑧、⑤から、不定詞の副詞的用法を使って、**to get rid of**で完成。

3 正解：①−④−⑤−②−⑥ 前置詞

完成した英文：**Now that Hana had solved the most difficult problem of her life, she felt she had (a bright future ahead of) her.**

訳：今やハナは人生で最も難しい問題を解決したので、彼女の前に明るい未来が開けていると感じた。

選択肢に過去分詞がないので、空所直前のhadを動詞ととらえて、目的語を探す。①、④、⑤で**a bright future**「明るい未来」となるので、hadの後ろに続ける。残った選択肢から、**ahead of**「〜の前に」を推測して、**ahead of** her.で完成。③が不要語。

4 正解：①／③／⑤／④−② 動名詞・熟語

完成した英文：**(Giving) young people (responsibility) for (making) decisions is an important part of their development − something we all need to be (aware of).**

訳：若者に決定する責任を与えることは、彼らの成長の重要な要素であり、私たち全員が気づく必要のあることだ。

decisionsの後ろのisが動詞なので、それに対応する主語を見つける。①、⑤を動名詞とすると主語を作れるが、make O Cを想定して、awareをCに入れるとforとつながらなくなる。予測を修正して、give O_1 O_2「O_1にO_2を与える」を予測して、**Giving** young people **responsibility** forまで並べる。3番目の空所の後ろのdecisionsと⑤から、make decisions「決定する」を推測して、**Giving** ~ for **making** decisionsまで並べる。4番目の空所の前のbeと④、②から、be aware of「〜に気づく」を推測して、something we all need to be **aware of**.で完成。somethingとweの間に関係詞が省略されている。

5 正解：⑥−⑤−①−④−②−③ 比　較

完成した英文：**Modesty or humility is (one of the most important aspects of proper behavior) in Japan.**

訳：謙虚さや慎ましさは、日本において礼儀の最も重要な側面の一つだ。

⑥から、**one of ~**「〜の1つ」を推測する。~には複数名詞が入り、かつ最上級を使うことが多いのを知っていれば、**one of the most important aspects**「最も重要な側面の1つ」まで並べることができる。残った②、③を後ろに続けて、**of proper behavior**「適切な振る舞いの」で完成。

3

1 正解：④ ⇒ live there 動詞の語法

訳：スコットランドのハイランド地方は、何百年もの間、驚きと神秘の源で、ずっとそこに生きている幽霊や精霊のすみかであると報告されている。

④は**live through**「～を切り抜ける」の意味で、目的語が欠けている。関係代名詞のthatの後ろだが、すでにcontinueの主語が欠けているので、**④のlive throughをlive thereとする**と整合性が合い、「そこに生息する幽霊や精霊」と意味も通る。①「驚きの源」、②はbe reported to be ～「～であると報告されている」、③「～のすみか」で、問題のない表現。

2 正解：① ⇒ on 前置詞

訳：これはスクロールすることで読解にもたらされる、混乱を引き起こす効果に関係しているように思える。私たちはまた、紙とデジタルの文章の研究で、理解のレベルの違いや記録された読書時間を分析した研究者がほとんどいないとわかって、驚いた。

①は前のhas、effectから、**have an effect on**「～に影響を与える」を推測して、**①をonにする**のが正しい形。②は「理解**の**異なるレベル」、③「～の研究**で**」、④「印刷されたものとデジタルのテキスト**の**研究」の意味で問題のない表現。

3 正解：① ⇒ My father came back from Myanmar yesterday 時制

訳：私の父は、その政治状況が日ごとにますます不安定になってきていると言われた後に、昨日ミャンマーから帰ってきた。

yesterdayは過去時制で使って、現在完了では使わないので、**①をMy father came back from Myanmar yesterdayとする**のが正しい形。②はtell O thatが受動態になってbe told thatになった形、③はgrow C「Cになる」で「その政治状況が～になりつつあった」。④は 比較級 **and** 比較級 と**単位のby**で、「1日単位でますます不安定な」の意味で、問題のない表現。

4 正解：② ⇒ resulting in 熟語

訳：研究によると、たった10分の休息やマッサージを受けることが、衝撃吸収材となって、心理的、生理学的ストレスの減少という結果になる。可能な時は、昼寝やマッサージがストレスを寄せつけない魔法の手技になることがある。

resultは動詞で、result from「～から生じる」、result in「～という結果になる」と使う。「心理的、生理学的ストレスの減少**という結果になる**衝撃吸収材」と意味が通るので、**②をresulting inにする**のが正しい形。①「たった～」、③は主格のinで「ストレス**が**減る」、④はWhenの後ろにit isが省略された形で「可能なとき」の意味。

DAY 1 2 3 4 5 6 7 8 9 10 11 12 13 14 15 16 17 18 19 20

5 正解：② ⇒ do 助動詞

訳：そもそもその問題に悩んでいる人はたいてい、英語が悪い方向に進んでいることを認めるだろうが、私たちは意識して行動することでは、それに関して何もできないと一般的に思われている。私たちの文明は衰退していて、私たちの言語は、そのように言われているのだが、全体の崩壊を共有せざるをえない。

②は、前にあるby conscious action「意識下の行動によって」という前置詞句を挟んで、助動詞のcannotの後ろなので、本来動詞の原形でなければならない。よって、**②をdoにする**のが正しい形。①はbother with「～に悩む」のwith、③は「衰退して」、④はso the argument goes[runs]で「そのように言われているが」という意味。

DAY 10

1

1 正解：①　　**熟語**

訳：失礼ですが、リーさん、アインシュタインの理論は、この質問に関連しているかどうか疑問に思います。

空所の前後のWith all、respectから、**with all due respect**「すべての然るべき敬意を払って申し上げますが」＝「失礼だけど」を推測して、①**が正解**。②「高い」、③「相互の」、④「ありそうな」の意味。

2 正解：③　　**名詞の語彙**

訳：小説が矛盾に満ちているのはよくあることだが、その矛盾は小説に輝きを与えて、本が好きな人たちにインスピレーションを与える。

glowは「白熱」、「輝き」を意味する。**brightness**「明るさ」が一番近いので、③**が正解**。①「ヒント」、「暗示」、②「疑い」、④「焦点」の意味。

3 正解：①　　**倒置・接続詞**

訳：爆発の力がとても強かったので、部屋の窓の4つが吹き飛ばされた。

空所の後ろのthatと①から、**S is such that ...**「Sはとても大きい（強い）ので…」を予測する。本問はsuchが文頭に出て倒置が起きて、CVSになった形と推測する。「爆発の力が**とても**強かった**ので**、部屋の窓の4つが吹き飛ばされた」と意味も通るので、①**が正解**。②はrather than「～よりむしろ」などで使う。③、④は文が成り立たない。

4 正解：④　　**形容詞の語彙**

訳：日本の夏は暑くて湿度が高い。

sultryが「蒸し暑い」で、下線部と同じ意味になるので、④**が正解**。①「乾燥した」、②「凍えるような」、③「もやのかかった」の意味。

5 正解：②　　**動詞・名詞の語彙**

訳：その数字は会社の経営方法だけでなく、アメリカ経済の構造の変化を反映している。

point「向ける」、reflect「反映する」、deprive A of B「AからBを奪う」、subtract「引く」で、最初の空所の後ろは「会社の経営方法」なので、**reflect**を使うと、意味が通る。2番目の空所の後ろは「アメリカ経済の構造の」なので、**changes**「変化」を入れると意味が通る。よって、②**が正解**。①「向ける…実質」、

③「奪う…魅力」、④「引く…改善」の意味。

6 正解：①　**前置詞**

訳：私たちが将来に向けた重要な決断をするとき、依頼人から贈り物を受け取るのは、私の主義に反する。

「〜の主義に反して」は、**against one's principles**とするので、①**が正解**。②は進行形や動名詞では文が成り立たない。④はprincipleとpurposeを並べて使わない。

7 正解：①　**動詞の語彙**

訳：彼らの説明に著しい矛盾がある。彼らのうちの一人が、故意にある事実を隠しているのか？

withholdは、with（〜に逆らって）＋ hold「抱える」＝「隠す」の意味がある。**conceal**「隠す」と意味が近いので、①**が正解**。②「矛盾する」、③「歪曲（わいきょく）する」、④「強調する」の意味。他にも、**withstand**はwith（逆らって）＋ stand「立つ」＝「耐える」、**withdraw**はwith（逆らって）＋ draw「引く」＝「（一度出したものを）撤回する」をおさえておく。

8 正解：⑤　**副詞の語彙**

訳：いつもは日本の電車は時間通りだが、今日は事故のせいで7分遅れた。

空所の後ろのbutから、「**いつもは**日本の電車は時間通りだが、今日は事故のせいで7分遅れた」と**一般論⇒逆接⇒主張**の論理展開を読み取って、⑤**が正解**。①「ほとんど」の意味はあるが、副詞なのでtrainsを修飾できない。②は接続詞なので、後ろのbutとともに使わない。③「ほとんど〜ない」、④「時々」の意味。

9 正解：①　**副詞の語彙**

訳：この新しい学校は、子どもと大人に同様の課程がある。

選択肢と空所の前から、「子どもと大人に**同様の**コースを用意している」と意味を読み取って、① **alike「同様に」が正解**。② eitherを「〜も」で使う際は否定文で使う。③「〜もまた…ない」、④「〜と違って」は基本は前置詞、形容詞なので、ここでは使えない。

10 正解：①　**関係詞**

訳：次の通り、要点を簡単にまとめます。

空所の前後のIn、followsから、**in what follows**「次の通り」を推測する。「**次の通り**、私は要点を簡単にまとめる」と意味も通るので、①**が正解**。空所の前のInは前置詞なので、空所以下で名詞のカタマリを作る必要があるが、②は先行詞がなく、

③、④は関係詞がないので、名詞のカタマリを作れない。

2

1 正解：②－⑤－③－①－④ 比較・関係詞・省略

完成した英文：**Obstetricians who have research experience are far more likely to recommend bed (rest than those who don't).**

空所の前のbedと②から、bed **rest**「ベッドでの休息」と並べる。be far more likely to recommendで比較級があるので、⑤のthanを続ける。③、①からthose who「～する人々」を推測して、④ don'tを続けて完成。~ recommend bed **rest than those who don't**. で完成。don'tの後ろにhave research experienceが省略されている。

2 正解：④－③－⑧－⑨－⑥－②－⑦－①－⑤ 分詞・接続詞

完成した英文：**(There is growing evidence that human activities are making global temperatures) higher.**

「～証拠がますます増えてきている」と④、③、⑧、⑨から、**There is growing evidence**まで並べる。仮に**evidenceをS'、growingをV'**とみなして意訳すると、「証拠がますます増えている」という日本語に合う。「人間の活動が地球温暖化をもたらしているという証拠」と⑥から、**同格のthat**を推測して、**evidence that human activities are making global temperatures** higher. で完成。that節内は、make O C「OをCにする」が使われていて、Oがglobal temperatures、Cがhigherにあたる。

3 正解：⑥－①－②－③－④ 受動態・熟語・前置詞

完成した英文：**The class leader was relied (on by everyone except for) one person, who was a new student.**

訳：そのクラスのリーダーは、転校生の１人を除いては、みんなに頼られていた。

空所の前のwas reliedと⑥から、**rely on**「～に頼る」の受動態を推測して、The class leader was relied **on by everyone**まで並べる。③、④から、**except for**「～を除いて」を推測して、**except for** one person, who was a new student. で完成。⑤が不要語。

4 正解：④／①－②／⑤－③ 前置詞・名詞の語彙

完成した英文：**While we may think of time as fixed and beyond an individual's (control), in (reality perceptions) of time are very much a (social convention).**

訳：私たちは、時間を固定されて個人がコントロールできないものとみなしているかもしれないが、実際には時間の概念は、まさしく社会的慣習だ。

最初の空所は、an individual'sと所有格の後ろなので、単数の名詞を予測して①、③、④に絞る。①は意味が通らないし、③ convention「慣習」は社会のならわしのような文脈で用いられ、個人の「習慣」はhabitで表すことを知っていれば、④ controlを入れると判断できる。「私たちは、時間を固定されて**個人がコントロールできない**ものとみなしている」と意味も通る。**beyond one's control**「〜のコントロールを超えて」=「〜がコントロールできない」をおさえておく。2番目の空所は、直前のinと①から、**in reality**「実際には」を推測する。3番目の空所には②を入れて、**perceptions** of time are very much a **social convention**.で完成。「時間の概念は、まさしく社会的慣習だ」と意味も通る。

5 正解：⑤−①−⑧−②−⑦−③−⑥−④ 　**文型・熟語**

完成した英文：Philosophical thinking helps (you figure out what life is all about).

「〜を理解するのに役立つ」と空所の前のhelps、⑤、①、⑧から、**help O do**「Oが〜するのを助ける」、**figure out**「理解する」を推測して、Philosophical thinking helps **you figure out**まで並べる。「人生とは何か」と、②、③、⑥、④から、**what S is all about**「Sの本質」を推測して、**what life is all about**.で完成。

3

1 正解：① ⇒ left 　**時制**

訳：彼はちょっと前にオフィスを出たので、すぐに彼の後を追ってくれますか？

~ agoは、過去時制で使い、現在完了形とは使えないので、①**をleftにする**のが正しい形。②はCould you ~?で丁寧な依頼表現。③はchase after「〜の後を追う」、④「すぐに」の意味。

2 正解：③ ⇒ previously 　**副詞**

訳：これらのパターンをさらに探求するために、私たちは3つの研究を行った。学生は、自分たちのメディアに対する好みを事前に評価した。2つの文章を、1つはネットで、もう1つは紙で読んだ後に、これらの学生は、3つの作業をこなした。

③の含まれている文は、StudentsがS、ratedがVなので、Vの前に単語を置くには、副詞にする必要がある。③**は形容詞なので、副詞のpreviouslyにする**のが正しい形。①は不定詞の副詞的用法のTo exploreのTo、②「さらに」、④「それから」の意味。

3 正解：③ ⇒ kept on walking 　**熟語**

訳：その見知らぬ人は温かく微笑んで、私に話しかけるかのように振り向いたが、私は反応する勇気がなく歩き続けたので、彼の優しい素ぶりを台無しにしてしまった。

keep on doing「～し続ける」から、③**をkept on walkingにする**のが正しい形。①は分詞構文とas if to do「まるで～するかのように」が使われている。②はlacking ~ respondが分詞構文で、to respondは不定詞の形容詞的用法でthe courageを修飾する。④は分詞構文でspoilは「台無しにする」の意味。

4 正解：② ⇒ with 　**熟語**

訳：私たちは国境で分けられた世界で生活している。毎日のニュースは、地球の表面を横断する政治、文化、経済上の国境に関する議論に満ちている。国境とは、安全、移住、貿易、そして国家資源に関する現在の国際的紛争の中心にある特徴だ。

②は**be filled with**「～で一杯だ」と使うので、②**をwithにする**のが正しい形。①は「国境で分断されている」というdividedが作る過去分詞のカタマリのby。③は「現在の国際紛争の中心**にある**特徴」、④はrelated to「～に関係する」のto。

5 正解：④ ⇒ going to the library 　**比較**

訳：土曜日は、あなたは、キャロルと図書館に行くより、ジュディと講義に参加するほうに気が向いていると聞いたけど？

thanの前後の比較対象は、be interested inの目的語に当たるattending the lecture with Judyとgo to the library with Carolなので、④**を動名詞のgoing to the libraryにする**のが正しい形。①「私は聞いたけれど」、②「土曜日に」で、問題のない表現。

DAY 11

1

1 正解：①　動詞の語彙

訳：研究プロジェクトを設計する際の重要な要素は、取り組むべき特定の関心や問題を確定することだ。

①〜④いずれも動詞なので、空所の前のtoと合わさって、不定詞の形容詞的用法で、particular concerns or issuesを修飾すると推測する。**address**「〜に取り組む」を使うと、「**取り組むべき**特定の関心や問題」と意味が通るので、①**が正解**。②「生じる」、③「持ってくる」、④「生じる」の意味。

2 正解：④　名詞の語彙

訳：戦争、飢饉、病気、虐待、重い犯罪のようなより大きな人間の問題と比べると、ペットの糞を管理してきれいにすることは、些細(ささい)なことだ。

small potatoes「些細なこと」から、④**が正解**。potato「じゃがいも」が主食の時代に大きなじゃがいもは貴重で、小さなじゃがいもはさほど貴重ではなかったことから、「些細なこと」を意味するようになった表現。①「批判的な」、②「おかしい」、③「主要な」の意味。**食べ物を使った英語表現**をまとめる。

総まとめ POINT 13　食べ物を使った英語表現

butter up「おだてる」／ **small potatoes**「些細なこと」
couch potato「ソファでポテトチップスばかり食べている」＝「怠け者」
It's a piece of cake.「朝飯前だ」
the apple of one's eye「とても大切な人」
in a nutshell「ナッツの殻に入れて」＝「要するに」

3 正解：③　名詞の語彙

訳：私たちの食べる物の多くは、最近人工の原材料を含んでいる。

空所の前が、「私たちが食べる物の多くは人工の〜を含んでいる」なので、食べ物で「人工の〜」が修飾するのにふさわしいのは、**ingredients**「材料」となることから、③**が正解**。①「衣装」、②「炎」、④「財布」の意味。

4 正解：①　熟　語

訳：デニスは、エイミィが彼を訴えることを考えていると聞いたとき、驚いた。

be taken aback「驚く」の意味なので、①**が正解**。②「楽しんで」、③「興味を持って」、④「満足して」の意味。

5 正解：①　**動詞の語彙**

訳：これらの種は、きちんと世話をすれば、発芽するだろう。

sprout「発芽する」の意味で、**germinate**「発芽する」が近いので、①**が正解。**②「先天的な」、③「突然変異する」、④「（思想など）を広める」の意味で、消去法で選択肢を絞り込む問題。

6 正解：①　**熟語**

訳：ギャンブラーに敗北を示すフィードバックは、彼らの勝ち負けの誤った記憶を中和することができる。これが、間違いなく、オンラインギャンブルの機会を提供して利益を得ている多くの会社が、その顧客に何もフィードバックを与えていない理由だ。

空所の前の文の「ギャンブラーに敗北を示すフィードバックは、彼らの勝ち負けの誤った記憶を中和することができる」は、空所の文の「オンラインギャンブルの機会を提供して利益を得ている多くの会社が、その顧客に何もフィードバックを与えていない」ことの**しっかりした理由**になるので、**no doubt**「間違いなく」の①**が正解。**②「はるかに多い」、③「とんでもない」、④「はるかに超えて」の意味。

7 正解：①　**熟語**

訳：有権者たちは、彼女の財務大臣としての優秀な仕事ぶりに、彼女をとても尊敬している。

hold O in high regardで「Oを高い尊敬の中に抱く」＝「Oをとても尊敬する」になる。「有権者たちは、彼女の財務大臣としての優秀な仕事ぶりに、彼女**をとても尊敬している**」と意味が通るので、①**が正解。**②「彼女に最高の栄誉を与えた」は、有権者がすることではない。**have high respect for**「～をとても尊敬する」のような表現は可能だが、③のようには表現しない。④も、**have great admiration for**「～を非常に称賛する」のように使って、④のような表現はない。

8 正解：③　**比較**

訳：彼が述べた理由は、警察を混乱させる偽のアリバイにすぎなかった。

選択肢と、空所の前後から、「彼が述べた理由は、警察を混乱させる偽のアリバイ**にすぎなかった**」と意味を読み取って、**no more than**「～にすぎない」の意味になる③**が正解。**①「～ほども多く」、②「少なくとも」、④「せいぜい」の意味。

9 正解：④ 熟語

訳：今年の夏、あなたがイタリア旅行をするとき、私のもとを訪ねてくれますか?

空所の後ろのme、a visitから、第4文型を推測する。選択肢から、**pay O a visit**「Oを訪れる」を推測して、「今年の夏、あなたがイタリアに旅行するとき、私のもと**を訪ねて**くれますか?」で意味が通るので、④**が正解**。他の選択肢は、O_2にa visitをとらない。

10 正解：① 動詞の語彙

訳：両方の側が、恒久的な平和を手に入れるために妥協するようにならなければならない。

「恒久的な平和を手に入れるために」しなければいけないことから、**compromise**「妥協する」がふさわしいので、①**が正解**。②「分裂する」、③「跳ぶ」、④「軌道を回る」の意味。

2

1 正解：④−③−⑤／②／① 倒置

完成した英文：**Never, in the many times that he had listened to this rush of harmonies, (had they affected) him (as) they (did) then.**

文頭にNeverがあるので、空所に倒置した表現を入れて、**had they affected** himまで完成させる。4番目の空所の後ろがtheyでSになるので、接続詞のasを4番目の空所に入れ、代動詞のdidを最後の空所に入れて完成。didは、affectedを受ける代動詞。2つあるtheyは、harmoniesを指す。

2 正解：②−⑥−①−⑤−⑦−⑨−③−⑧−④ 比較・接続詞

完成した英文：**It (wasn't so much that he didn't want to apologize as that he was waiting for) a better opportunity to apologize.**

「彼は謝りたくなかった**のではなく、むしろ**、謝るのにより良い機会を待っていたのです」と②、⑥、③から、**not so much A as B**「AというよりむしろB」を推測して、It **wasn't so much that he didn't want to apologize as that**まで並べる。「謝るのにより良い機会を待っていた」から、**he was waiting for** a better opportunity to apologize.で完成。**It is that ~.**「実は～」のthat ~が**not so much A as B**のAとBに入って、**It is not so much that ~ as that** ... .となった形。

3 正解：②−①−⑥−③−④ 形容詞の語彙・熟語

完成した英文：**The damage to the ecosystem (is irreversible regardless of our) continuous efforts to protect it.**

訳：私たちの継続的な保護の取り組みにもかかわらず、生態系へのダメージは不可逆的だ。

⑥、③から、**regardless of**「～にもかかわらず」を推測して、**regardless of our** continuous efforts to protect it. まで並べる。残った選択肢で、The damage to the ecosystem **is irreversible** ~. として完成。⑤が不要語。

4 正解：②－①－④－③－⑤ 熟語

完成した英文：**Scientific research (is dedicated to distancing humanity) from superstitions.**

訳：科学的研究は、人類を迷信から遠ざけることに専念している。

②、①、④から、**be dedicated to**「～に専念している」を推測して、Scientific research **is dedicated to** まで並べる。③と空所の後ろの from から、**distance A from B**「AをBから遠ざける」を推測して、**distancing humanity** from superstitions. で完成。

5 正解：②－⑤－①－③－⑥－④ 受動態・関係詞

完成した英文：**The Earth's core (is surrounded by liquid that scientists) estimate is hotter than the sun.**

「地球の中心部は～液体に囲まれている」と②、⑤、①から、**be surrounded by**「～に囲まれている」を推測して、The Earth's core **is surrounded by liquid** まで並べる。⑥、④と空所の後ろの estimate is から、**連鎖関係詞の SVV の並び**を推測して、**that scientists** estimate is hotter ~. で完成。

3

1 正解：⑤ 不定詞・否定・関係詞

訳：文書は、効果的であるために、筆者の考えや意図に綿密に沿っていなければならないが、これらの考えが起こる順番には必ずしも沿っていなくてもよい。

①は不定詞の副詞的用法で「効果的になるために」で、must closely follow の理由を説明している。②は not necessarily「必ずしも～とは限らない」の necessarily、③の前置詞＋関係代名詞は、後ろが完全文で、先行詞の the order が in the order の形で関係詞節で使われるので問題ない。④「起こる」の意味で問題がないので、**正解は⑤**。

2 正解：③ ⇒ provide 接続詞

訳：これらは、文章の主題を描写し、朗読で言及されていた要点を掲載し、他の思い出せるかぎりの関連する内容を提示するはずのものだった。

③の前の and は、describe、list、provided の 3 つの並列なので、to do の do の並列と判断して、**③を provide にする**のが正しい形。①は不定詞の to describe の

describeで「描写する」、②は過去分詞でreadingsまでのカタマリを作ってkey pointsを修飾して「～でカバーされた」＝「～で言及された」の意味。④は「～できた」の意味。

3 正解：① ⇒ **Why do you concern yourself [why are you concerned]**

動詞の語法

訳：そのばかげた考えに何も根拠がないと十分わかっているのに、なぜあなたはすべての噂話に関心を持つのですか？

①はconcernが動詞なので、**Why do you concern yourselfにする**のが正しい形。**concern oneself with**は「～に関心がある」の意味。あるいは、形容詞concernedを使ってwhy are you concernedとしてもよい。② concern oneself withのwithと「すべての噂話」、③はfullが副詞で、wellと合わさって「十分よく」の意味。④はknowの目的語のthat節内の表現で、「そのばかげた考えに何も根拠がない」の意味。

4 正解：① ⇒ **increasingly deal not just**

接続詞・熟語

訳：コンピューターは、クレジットカードの詳しい情報やデータベースのような抽象的なデータだけでなく、物理的な物体や弱々しい人体という実世界をもますます扱うようになってきている。現代の自動車は車輪の上に乗ったコンピューターであり、飛行機は翼を備えたコンピューターだ。

but alsoから、not only A but also B「AだけでなくBも」を推測する。but alsoの後ろがwithなので、前でもwithを探すと、justの後ろにwithがあることから、not only A but also Bのonlyがjustに置き換えられる場合があることを思い出す。よって、①**をincreasingly deal not justにする**のが正しい形。②「物理的な物体」、③「車輪の上に乗ったコンピューター」、④「翼を備えたコンピューター」の意味で、問題のない表現。

5 正解：① ⇒ **the absence of**

熟 語

訳：明確な証拠がなかったので、その男性は無罪とみなされて釈放された。もっとも、ほとんど全員が、彼が犯人だと思っていたが。

①を含む表現は、正しくは**in the absence of**「～がないので」なので、①**をthe absence ofにする**のが正しい形。文法的にも、冠詞のtheと前置詞のofにはさまれているので、形容詞のabsentを置くことができず、名詞のabsenceにしなければならない。②はset O free「Oを釈放する」が受動態で使われている。③は、almostが副詞で通常名詞を修飾できないが、everyoneのようなevery-の名詞は修飾できる。④はbe responsible for「～に責任がある」のbeが過去形になった表現。

DAY 12

1

1 正解：②　比較・熟語

訳：移民の新しい大きな波の１つひとつが、アメリカの料理をより良い方向へと作り変えて、それをより豊かで創造的なものにした。

「移民の新しい大きな波の１つひとつが、アメリカの料理を〜作り変えて、それをより豊かで創造的なものにした」と意味を読み取る。**for the better**「より良い方に向かって」で意味が通るので、②**が正解**。他の選択肢のような表現はない。

2 正解：④　熟語

訳：社会の習慣や人々の精神が、公益のために変化できるということの、すぐに目につく証拠がもう１つある。

in favor of「〜に有利になるように」は、**in support of**「〜を支持して」が一番近いので、④**が正解**。favor「好意」から、「〜に好意を示して」＝「**〜に賛成して**」の意味にもなる。①「〜と連絡して」、②「〜に反対して」、③「〜に備えて」の意味。

3 正解：④　動詞の語彙

訳：特定の条件が与えられた場合、経済成長は、長い目で見ると、貧困を緩和することができる。

alleviate「緩和する」は、**lessen**「軽減する」が一番近いので、④**が正解**。①「回避する」、②「ほのめかす」、③「要求する」の意味。

4 正解：③　形容詞の語彙

訳：私はそれが公平な決断だったかわからない。

impartial「公平な」は、**fair**「公平な」が一番近いので、③**が正解**。partialが「部分的な」＝「一面的な」＝「偏った」の意味があるので、否定の意味のim-がつくとimpartial「偏っていない」＝「公平な」の意味になる。①「思いやりのある」、②「現代の」、④「ひどい」の意味。

5 正解：③　熟語

訳：コミュニケーションに問題を抱える女性を定期的に見ている科学者の中には、その症状をカムフラージュする彼女たちの驚くべき能力に気付いたものもいる。

空所の前後のSとOはSome scientistsとtheir remarkable abilityで、**pick up on**「〜に気づく」だと意味が通るので、③**が正解**。①は意味が成り立たない。②

は「〜を補った」で、意味が通らない。④は「〜を思いついた」で意味が通らなくもないが、空所の前がhaveで過去分詞が必要なため、過去形のcameは使えない。

6 正解：③ 形容詞

訳：学生はみなどちらの先生にも退職してもらいたくなかったが、選択肢がなかった。

①の**allの後ろは、不可算名詞、集合名詞以外は複数形の名詞**を置く。②の**bothも、後ろは複数形の名詞**。③ **eitherは後ろに単数名詞**を置いて、否定文で「どの〜も」になるので、正解になる。④はNoneのような否定語の後ろでは使わない。

7 正解：② 副詞の語彙

訳：彼はとても一心不乱に走ったので、駅に時間通りに着いた。

「〜走ったから、駅に時間通りに着いた」と意味を読み取って、**frantically**「一心不乱に」がふさわしいので、②**が正解**。①「堕落して」、③「相互に作用して」、④「精神的に」の意味。

8 正解：① 形容詞の語彙

訳：私たちは、タンザニアが最悪の象の乱獲に苦しんでいるので、タンザニアの法の執行官がとても警戒しているのがわかった。

because以下が「タンザニアが最悪の象の乱獲に苦しんでいる」という内容なので、そこから導かれる「タンザニアの法の執行官がとても**警戒している**」という結果を予測する。**watchful**が「警戒している」の意味なので、①**が正解**。②「強力な」、③「合法の」、④「忠実な」の意味。law enforcers「法の執行官」、be plagued by「〜に苦しむ」の表現をおさえておく。

9 正解：① 動詞の語彙

訳：政府の貿易規制の変更の発表は、選挙の開始と同時になるように、故意に調整されていた。

空所の後ろのwithと選択肢から、**coincide with**「〜と同時に起こる」を推測する。「政府の貿易規制の変更の発表は、選挙の開始**と同時になる**ように、故意に調整されていた」と意味も通るので、①**が正解**。②「共謀する」、③「配達する」、④「繰り返す」の意味。

10 正解：③ 動名詞

訳：ジーンズでパーティーに行ってもいいですか？　着替える気になりません。

「ジーンズをはいてパーティーに行ける？　**着替える気にならない**」と意味を読み取って、**feel like doing**「〜したい気がする」の形になる③、④に正解の候補を絞る。**get changed**「着替える」とwear off「すり減らす」なので、③**が正解**。

2

1 正解：⑤−④−③−②−⑥−① 副詞・語順

完成した英文：**The train accident having caused chaos all over the place, I am doing what** (I consider best in so tragic) **a situation.**

空所の前のwhatを関係代名詞と推測して、**what I consider best**「私が最善と思うもの」まで続ける。空所の後ろのa situationに対して、inを前置詞、soを副詞として使い、後ろに形容詞のtragicを置いて、**in so tragic** a situation. で完成。

2 正解：② ／ ④−①−③−⑤ 否定・熟語

完成した英文：**The apple pie** (at) **this restaurant** (is second to none)**.**

訳：このレストランのアップルパイはどこにも負けない（どこよりもおいしい）。

④、①、③、⑤から、**be second to none**「誰に対しても2番目ではない」＝「誰にも劣らない」を推測して、2番目以降の空所に、**is second to none**. まで並べる。残った②を、**at** this restaurantで完成。

3 正解：②−⑤−⑥−③−④−① 関係詞

完成した英文：**The reporter** (interviewed the people who she thought had witnessed) **the skiing accident.**

訳：そのレポーターは、スキー事故を目撃したと自分が思った人々にインタビューした。

主語がThe reporterなので、②を動詞において、The reporter **interviewed the people**と続ける。⑥から、関係詞で説明を続けるが、③、④、①でSVVの並びができるので、連鎖関係詞を推測して、**who she thought had witnessed** the skiing accident. とする。「そのレポーターは、スキー事故を目撃したと自分が思った人々にインタビューした」と意味が通るので、正解。

4 正解：⑧−⑤−①−⑥−④−⑨−②−⑦−③ 代名詞・接続詞・比較

完成した英文：**The biggest discovery of** (those aboard the Challenger was that they identified the deepest place in the sea) **known at that time.**

「チャレンジャー号の乗船者たちの最大の発見」と、⑧、⑤、①から、**those**「人々」、**aboard**「〜に乗船して」を推測して、The biggest discovery of **those aboard the Challenger**まで並べる。「その当時知られていた海底で最も深い場所を突き止めたことだった」と④から、**名詞節のthat**を推測して、**was that they identified the deepest place in the sea** known at that time. で完成。

5 正解：③−④−①／②／⑤ 熟語

完成した英文：Most studies of world food problems (concentrated on production) and (took) consumption for (granted).

訳：世界の食料問題に関する研究のほとんどが生産に重点を置いていて、消費を当たり前のものと思っていた。

②、⑤と最後の空所の前にあるforから、**take O for granted**「Oを当然と思う」を推測して、andの後ろの2つの空所に、**took** consumption for **granted**.と並べる。残りの選択肢の③、④から、**concentrate on**「〜に集中する」を推測して、最初の3つの空所に、**concentrated on production**を入れて完成。

3

1 正解：③ ⇒ makes SVの一致

訳：社会学者の中には、集団の基準に同調させる圧力は、集団内の個人に同じように振る舞うように強いると主張する者もいる。

③の主語は②のpressureで単数形なので、**③を3単現のsがついたmakesにする**のが正しい形。pressure「圧力」は不可算名詞なので、②を複数形にすることはできない。①は「主張する」、④は「振る舞う」の意味で、make O do「Oに〜させる」のdoになっている。

2 正解：④ ⇒ that the theories influence practice [that the theories have an influence on practice] 動詞の語法

訳：実践的に考えるため、学生たちは、理論が実践に影響することに気付くまでは、理論を勉強することは無駄だと考える。

動詞のinfluenceは他動詞で、onを続けることはできないので、**④をthat the theories influence practiceにする**のが正しい形。あるいは、influenceを名詞で使った**have an influence on**「〜に影響を与える」を使って、**that the theories have an influence on practice**としても正解。①は分詞構文で「実践的に考えるため」、②はthink O Cに形式目的語のitと不定詞を使った表現。③はuntil「〜まで」が使われている。

3 正解：① ⇒ by 前置詞

訳：私たちは「コミュニケーション」をどういう意味で使うのか？　英語ではその言葉の最も古い意味は、人から人への思考、情報、態度の伝達と要約できる。しかしのちに、「コミュニケーション」は、複数の場所を結ぶ通路や経路をも意味するようになった。

「それはどういう意味？」は、**What do you mean by that?** で表すように、mean A by Bで「BでAを言おうとする」という意味になるので、①**をbyにする**のが正しい形。②は、be summarized as「～と要約される」のas、③はcome to do「～するようになる」のto、④は「～の間」の意味。

4 正解：③ ⇒ ranging 分詞構文

訳：私たちは、高血圧からうつに及ぶまで、ストレスがあらゆる種類の肉体上の問題を引き起こすと教えられてきた。

③は不定詞のままでは意味が通らないので、分詞構文に変えて、③**をrangingにする**のが正しい形。「高血圧からうつ**に及ぶ**まで、あらゆる種類の肉体上の問題を引き起こす」と意味が通る。①「～と教えられてきた」、②「あらゆる種類の」、④はfrom A to B「AからBまで」のto。

5 正解：① ⇒ while 接続詞

訳：観光業の研究者は、観光業は地域経済に有益だけれども、いくつかの社会、経済、文化的影響、すなわち、受け入れる側の社会に害になり得る問題ももたらすと認めている。

lest ~, SV. で「～**しないように**、SがVする」だが、「観光業が地域経済に有益で**ないように**、受け入れる側の社会に害になり得る問題をもたらす」では意味が通らない。lestをwhileにすると「観光業が地域経済に有益だ**けれども**、受け入れる側の社会に害になり得る問題をもたらす」で意味が通るので、①**をwhileにする**のが正しい形。②「いくつかの」、③は、problemsを先行詞とする関係代名詞のthatと可能性のcan、④はbe harmful **to**「～に害のある」のto。

DAY 13

1

1 正解：① 熟語

訳：彼は土地に関して、同意に至ることを頑固に拒むことで、友好関係の妨(さまた)げとなっていた。

「土地に関して、同意に至ることを頑固に拒む」から、「友好関係の妨げとなる」と意味を読み取って、**stand in the way of**「～の邪魔をする」の熟語を作る①**が正解**。元々「～の通り道に立つ」＝「～を邪魔する」になった表現。②「止まっている」、③「歩いている」、④「疑問に思っている」の意味。

2 正解：② 名詞の語彙

訳：出歩く際、私のポケットには三葉虫が入れてあり、お守りとして、私はそれを持ち運び、指の間でひっくり返したりする。

talisman「お守り」から、**charm**に「お守り」の意味があるので、②**が正解**。①「あめ」、③「硬貨」、④「指輪」の意味。

3 正解：④ 比較・副詞

訳：現代世界では、メディアリテラシーは、言語や数学と同様に決定的に重要なスキルである。

as ~ as ...「…と同じくらい～」の先頭のasは副詞なので、名詞を直接は修飾できずに、**as** 形容詞 **a** 名詞 **as**の語順になることを確認する。この語順に該当する④**が正解**。

4 正解：③ 形容詞の語彙

訳：私の父は、自分の完成させた満足のいく仕事に誇りを持っている。

satisfactoryは「満足のいく」の意味で、**competent**には「有能な」に加えて、「満足のいく」という意味があるので、③**が正解**。①「首尾一貫した」、②「共同の」、④「結果として起こる」の意味。

5 正解：③ 動詞の語法

訳：彼女は、厳粛な儀式の間行儀良く振る舞えたご褒美として、子どもたちにチョコレートをあげた。

選択肢の中で、**reward A for B**「AをBで報いる」が正しい語法なので、③**が正解**。①、②のawardは、award O_1 O_2「O_1にO_2を与える」と使い、また、文の動詞の

gaveと意味が重複するので認められない。④はfor the sake of「～のために」が正しい形。

6 正解：④ 熟 語

訳：ラッセルとホワイトヘッドは、基本的で議論の余地のないロジックを使って、初めから終わりまで、数学のすべてを組み立てられることを証明しようとした。

空所の前後のfrom the、upと④から、**from the ground up**「地面から起こして」＝「初めから終わりまで」を推測する。「基本的で、議論の余地のないロジックを使って、**初めから終わりまで**、数学のすべてを組み立てられる」と意味が通るので、**④が正解**。①「足元」、②「はじめ」、③「根」の意味で、空所の前後と合う表現を作れない。

7 正解：① 形容詞の語彙

訳：彼は父親から、収益性のある事業を引き継いだ。

lucrative「利益の出る」は、**profitable**「利益の出る」と同義なので、**①が正解**。②「卓越した」、③「専門的な」、④「うまくいかない」の意味。

8 正解：③ 名詞の語彙

訳：私たちの研究結果は、その雑誌の2月号に詳細に書かれるだろう。

空所の前後のthe February、of the journalから、「雑誌の2月**号**」を推測する。**issue**には「～号」の意味があるので、**③が正解**。①「編集者」、②「出版する」、④「配達する」の意味。

9 正解：① 熟 語

訳：スミスさんはとても手際の良い人なので、時間を無駄にせず会議の本題に入った。

空所の後ろのthe pointと①から、**come to the point**「本題に入る」を推測する。「スミスさんはとても手際の良い人なので、時間を無駄にせず会議の**本題に入った**」と意味が通るので、**①が正解**。②は他動詞なのでaboutを後ろに続けることができない。③は「手を伸ばす」、④は「取り壊す」で、意味が通らない。

10 正解：③ 動名詞

訳：ライアンは私に「今日は素敵な日だ！」と言って、散歩に行くことを提案した。

suggest doing「～することを提案する」と使うので、**③が正解**。①、②はinvite O to do「Oに～するようにすすめる」と使うので、空所には入らない。④はbelieve in「～を信じる」と使うことをおさえておく。

2

数詞・動名詞・分詞・熟語

1. 正解：(Two-thirds of the global population will have problems accessing fresh water**) by 2025, ~.**

選択肢に、will、have、problems、accessingがあるので、**have problems doing**「〜するのに苦労する」を推測して、**will have problems accessing**と並べる。accessingの目的語を**fresh water**と続ける。主語は、two-thirds、of、the、global、populationを使って、**two-thirds of the global population**「地球の人口の3分の2」で意味が通るので完成。

2. 正解：(The required electricity accounts for up to half of**) a plant's expenses, ~.**

accounts、forから、**account for**「説明する」、「占める」が考えられるが、**half of**「〜の半分」と割合を示す表現があるので、「占める」の意味で使うと推測する。up、toで**up to**「〜まで」を推測して、**accounts for up to half of** a plant's expenses「工場の経費の半分まで占める」とする。主語には、requiredを「必要とされる」と過去分詞で使って、**The required electricity**と並べて、完成。

全訳

文脈に合うように、下線部のすべての単語やフレーズを使って、文を完成させなさい。必要に応じて、順序を変えたり大文字にしたりしなさい。ただし、単語の形を変えてはいけません。与えられていない単語を使ってはいけません。

ますます熱く、混雑する世界で、きれいな水は貴重な商品となりつつある。2025年までには、地球の人口の3分の2が、真水を利用するのに苦労することになるだろうし、海水や地下水から塩や汚染物を取り除くことは、人間ののどの渇きをいやす1つの方法だ。もっとも、今日の大きな脱塩工場を建設するには、何百万ドルもかかる。ほとんどは、逆向きの浸透作用を利用したもので、海水を無理やり塩を遮断する膜に通す。必要とされる電力は、工場の経費の半分も占めており、その工程は、地域の生態系を害する可能性のある、塩分の非常に多い、化学物質の添加された混合液を後に残す。

3

1 正解：③ ⇒ as that

比較・代名詞

訳：60日間は、彼らがその当時のものと同じくらい複雑な機器を開発するのには、きわめて短い時間だった。

as complicatedから、as ~ as …「…と同じくらい〜」を予測して、**③をas thatにする**のが正しい形。thatは、a deviceを受ける代名詞。①はSixty daysを1つの単位とみなしているので、単数扱いをしてwasでも問題ない。②「とても短い」

で、quite a shortの語順も問題ない。④はin those days「その当時」のthose days。

文型・動詞の語法

2 正解：④ ⇒ **she has not had a chance to contact anyone**

訳：入院する必要があるほど深刻な健康上の問題のせいで、昨年仕事をやめてからずっと、彼女は誰とも連絡する機会がなかった。

contactは他動詞で**contact O**「Oに連絡する」と使うので、④**をshe has not had a chance to contact anyoneにする**のが正しい形。①はeverがsinceを強調して「彼女が昨年仕事をやめてからずっと」の意味。②はdue to「～が原因で」で、「深刻な健康上の問題が原因で」、③は関係代名詞のthatとrequire O to do「Oに～するように要求する」で、「彼女が入院せざるを得なくなった」の意味。

3 正解：① ⇒ **of** 前置詞

訳：政府は、プラスチックが海に流れ込まないようにしたり、新種の環境保護商品を奨励したりするための金銭的報奨(ほうしょう)を開始することを含めた、海洋汚染の問題に取り組むための20年戦略を打ち立てた。

①は「海洋汚染**の**問題」という意味で、the problem of「～の問題」とすべき表現なので、①**をofにする**のが正しい形。②は「～**に対する**金銭的報奨」の意味。③は、keep A out of B「AをB**から**遠ざける」のof、④はnew types of「新種**の**～」のof。

4 正解：② ⇒ **since** 時制

訳：ハリケーン・ハービーの記録的降雨が、テキサス州に多大な損害を与えてから9か月たったが、今度はその州の多くが、干ばつに苦しんでいる。

①から、**It has been ~ since S'V'.**「S'がV'してから～がたつ」を推測する。「ハリケーン・ハービーの記録的降雨が、テキサス州に多大な損害を与えて**から9か月たった**」と意味も通るので、②**をsinceにする**のが正しい形。③「記録的な」と形容詞のように後ろの名詞を修飾する。④ suffer from「～に苦しむ」が進行形になった形。

5 正解：③ ⇒ **they serve** 動詞の語法

訳：制服を着ていても着ていなくても、身なりのきちんとした従業員は、奉仕する人々に信頼感を与えるし、接客業では、その人たちが代表する場所に対する全般的な信頼性を増してくれる。

③のthe public they serve atは、名詞 SVの語順から、publicとtheyの間に関係詞が省略されていると判断する。serveは他動詞なので、atを除いて、③**をthey serveにする**のが正しい形。①「きちんとした身なりの」の意味、②はwhether A or not「Aだろうとそうでなかろうと」のwhether、④は「全般的な信頼」の意味。

DAY 14

1

1 正解：③

動詞の語彙・動詞の語法

訳：テレビの暴力的な映像のせいで、人々が暴力行為に及ぶようになっているという考えに、私は反論したい。

空所の後ろがthe ideaで名詞なので、他動詞を探す。**dispute O**「Oに反対する・Oを議論する」とdissolve O「Oを解く」が他動詞だが、意味が通るのがdisputeなので、③**が正解**。① disagree with「～と意見が異なる」、② discord with「～と一致しない」は自動詞で空所に入れられない。

2 正解：③

副詞の語彙

訳：私は、まるで何か驚くべきことが起きており、自分がそれに関与しているかのように、毎日何も考えずに人生に没頭することで、人生に意義を与えているのかもしれない。

recklessly「無鉄砲に」は、**heedlessly**「不注意に」と一番意味が近いので、③**が正解**。元々 reck「気にかける」＋ -less「～がない」＝「不注意な」の意味。①「注意深く」、②「好奇心を持って」、④「迅速に」の意味。

3 正解：③

名詞の語彙

訳：旅程表は、間もなくすべてのツアー参加者に配布されるだろう。

itineraryは「旅程（表）」を意味して、schedule「スケジュール」が一番近いので、③**が正解**。**itinerary** ＝ **travel plan**と同じ意味とおさえておく。①「費用」、②「チケット」、④「ビザ」の意味。

4 正解：①

動詞の語彙

訳：ジャックは多くの困難を乗り越えた。

overcome「乗り越える」から、**conquer**「征服する」、「乗り越える」が一番近いので、①**が正解**。②「実行した」、③「理解した」の意味。④の**omit**「省略する」は**leave out**「省く」の１語置き換え問題として狙われるので、おさえておく。

5 正解：①

動名詞

訳：彼女は自分の父親が、あるクリスマスの晩に野良猫を家に持ち帰ってきたのを覚えている。

空所の前のremembersは動名詞、不定詞を目的語にとるので、①、③、④に正解の候補を絞る。空所の前のher fatherは**動名詞の主語が目的格で置かれている**と判断できるので、動名詞の①**が正解**。すでにremembersという動詞があるので、②の現在形は、接続詞や関係詞がないと動詞をもう１つ使うことができない。

6 正解：② 準動詞

訳：私たちは、その問題に関して何も争いがないことを望んでいる。

空所の後ろで「争いがない」とSVが成り立つので、There be S. を不定詞に組み込んだ、**want there to be S**「Sがあることを望む」になる②**が正解**。①、③を使うにはto beではなくto haveなどにする必要がある。④はfor、to beを続けることはできない。

7 正解：① 熟 語

訳：何年も先延ばしにした後で、私はようやく歯科医に行き、歯を検査してもらう時間ができた。

空所の前後のgot、to seeingと①から、**get around to doing**「ようやく～する機会ができる」を推測する。「（歯科医に行くのを）何年も先延ばしにした後で、私は**ようやく**歯科医**に行き**、歯を検査してもらう**時間ができた**」と意味も通るので、①**が正解**。②はget by「～を通り抜ける」、③はget through「終える」、④はget up「起きる」で使う。

8 正解：③ 形容詞の語彙

訳：その事件の後、人々は遠慮がちな表情をしていた。その件は、うわさ話によって過度に世間に知られるべきではないという暗黙の了解があった。

undue「過度の」は、too muchや**excessive**「過度の」と同じ意味なので、③**が正解**。①「早すぎる」、②「遅すぎる」、④「少なすぎる」の意味。

9 正解：② 接続詞

訳：私がオフィスを出るとすぐに、太陽が雲のかげから突然現れた。

最初の空所の後ろで倒置が起こっているので、否定の副詞を探す。②、④が候補に挙がり、hardly A when B「AするとすぐにB」を推測する。「私がオフィスを出る**とすぐに**、太陽が雲のかげから突然現れた」と意味が通るので、②**が正解**。④は２つ目の空所にafterを入れると、時制と前後関係が合わない。

10 正解：② 形容詞

訳：子どもを世話するために、育児休暇をとる男性はほとんどいない。

空所の後ろのmenは**可算名詞で、fewでは修飾できるが、littleでは修飾できない**ので、⑤は誤りで、②**が正解**。①はof以下がtheなどで限定された名詞である必要がある。③は副詞なので名詞を修飾できない。④はscarcelyもnoも否定語で一緒には使わない。scarcely any「ほとんど～ない」で使う。

2

動名詞・関係詞

1. 正解：The (role of climate in shaping human history is) complex, and ~.

下線部の後ろの「気候にどの程度決定的役割を付与するべきかをしばしば議論する」から、**「気候が何かを決定する役割が論じられている」**ことを確認する。選択肢の前のTheとrole ofから、ofの後ろに続く名詞を考えると、climateが合うので、The **role of climate**まで並べる。動詞が続くと考え、is shaping human historyとすると意味が通らないので予測を修正する。選択肢のin shapingでin doing「～する際に」を推測して、**in shaping human history**「人間の歴史を形成する際に」と並べる。isを後に続けて**is** complexで文の意味が通るので完成。

2. 正解：It always (interacts with the social, political, and economic factors that dominate our traditional approach to history), but ~.

It alwaysの続きなので、Itに対応する動詞を探して、**interacts with**を続ける。Itはclimateを指しているので、withの後ろは、気候と相互作用する名詞を探す。our traditional approachでは意味が通らないので、**the social, political, and economic factors**を続ける。残った選択肢のthatを関係代名詞で使って、**that dominate our traditional approach to history**「それ(＝気候)は常に、私たちの歴史に対する従来のアプローチを支配する社会的、政治的、経済的要因と相互作用する」で意味が通るので、完成。

全訳

文脈に合うように、下線部のすべての単語やフレーズを使って、文を完成させなさい。必要に応じて、順序を変えなさい。単語の形を変えてはいけません。与えられていない単語を使ってはいけません。

人間の歴史を形成する際の気候が持つ役割は複合的で、気候の歴史家は、気候にどの程度決定的役割を付与するべきかをしばしば議論する。それは常に、私たちの歴史に対する従来のアプローチを支配する社会的、政治的、経済的要因と相互作用するが、一部の気候の大変動が、状況証拠から言って、政治的動乱の直前の、大衆の気分や態度を形成する上で極端に重要で、支配的ですらある要因となっているように思える。

3

1 正解：① ⇒ show

SVの一致

訳：この報告書の統計によると、私たちの製品は、質の面では競合他社の製品よりもよく受け入れられているが、価格の面ではそうではないことがわかる。

statistics「統計」は、複数扱いなので、①**をshowにする**のが正しい形。この語は、学問の種類を表す「統計学」の意味で使われると単数扱いだが、本問は単なる「統計」の意味なので、複数扱いをすることに注意する。②「より受け入れられて」、③と④は「**質**の点で受け入れられているが、**価格**の点では受け入れられていない」の意味。学問の種類を表し、**複数形で単数扱いをする単語**をまとめる。

総まとめ POINT 14 複数形で単数扱いをする単語(学問)

statistics「統計学」／ mathematics「数学」／ physics「物理学」
economics「経済学」／ ethics「倫理学」

2 正解：⑤ 仮定法

訳：あなたの適切な助言がなかったら、私は同じ間違いを何度もしてしまっていただろう。

①、②はIf it had not been for「～がなかったら」を、Ifを省略して倒置が起こったHad it not been forの表現。②は「あなたの適切な助言」の意味。soundが形容詞で「適切な」の意味。③は仮定法過去完了の主節なので、助動詞の過去形 ＋ have p.p. で問題ない。④のtime and againは「何度も」の意味で問題ないので、**⑤が正解**。

3 正解：① ⇒ as good a 比較・副詞

訳：私がはじめて彼と会ったとき、私は、彼が誰と比べても良いラグビープレイヤーであるだけでなく、誠実な人でもあると思った。

as ~ as ...「…と同じくらい～」の先頭のasは副詞なので、後ろに名詞を続けることはできない。**as 形容詞 a 名詞 as**にするので、**①をas good aにする**のが正しい形。②は、as ~ as anybody「誰にも劣らず～」で、最上級相当表現、③はnot only A but also B「AだけでなくBも」のalsoが欠落してbutが残った表現。④「誠実さ**のある**人」の意味。

4 正解：② ⇒ where[on which] 関係詞

訳：ウミガメは、数十年前に生まれたビーチに巣を作るために帰る道を見つけるのに、地球の磁場を利用する。

関係代名詞のwhichは、後ろが不完全文のときに使う。本問では、they were born decades earlierと完全文で、先行詞がthe beachesで場所なので、**②を関係副詞のwhereにする**のが正しい形。**on which**も正解になる。①は不定詞の副詞的用法で「見つけるために」、④は「数十年前に」の意味。

5 正解：① ⇒ **began** 　**時制**

訳：2012年に、作家のジュンパ・ラヒリはローマに引っ越して、自ら英語から言語的に逃避する期間を始めた。彼女はイタリア語をよりよく学ぶために、英語を話すこと、読むこと、書くことを完全にやめた。

beganは過去分詞なので、前にあるmovedと時制を合わせるために、①**を過去形のbeganにする**のが正しい形。②は「自ら課した」、③は「〜**からの**逃亡」のfrom、④「完全に」の意味。

DAY 15

1

1 正解：④ 熟語

訳：タンザニアとモザンビークでは、男性が伝統的に家長として行動するので、ほとんどの状況で、彼らだけが家族を代表して請求して、支払いを受けることができる。

「家長としての男性が、家族を〜請求して、支払いを受けることができる」と④から、**on behalf of**「〜を代表して」がふさわしいので、**④が正解。3語からなる重要熟語【応用編】**をまとめる。

総まとめ POINT 15 3語からなる重要熟語【応用編】

on behalf of「〜を代表して」／ by virtue of「〜のおかげで」
at odds with「〜と争って」／ as opposed to「〜とは対照的に」

2 正解：① 形容詞の語彙

訳：彼は高齢で陽気な人で、義足の人のような少しぎこちない動きで踊った。

awkward「ぎこちない」は、**clumsy**「ぎこちない」が一番近いので、①**が正解**。②「豪華な」、③「無能な」、④「迅速な」の意味。

3 正解：④ 名詞の語彙

訳：急速な都市化が、野生動物の住処を破壊し続けているので、動物の個体数が減り続けている。

habitat「生息地」は、**territory**「領土、縄張り」が一番近いので、④**が正解**。①「慣習」で、habit「習慣」であれば近い意味だが、habitatとは別の語である。②「病気」、③「物質」の意味。

4 正解：④ 名詞の語彙

訳：国連は、軍隊の使用を承認する決定に至った。

determination「決定」は、**resolution**「決意、決議」が一番意味が近いので、④**が正解**。それぞれ動詞形がdetermine「決意する」、resolve「決意する」であることもおさえておく。また、resolveには「解決する」の意味もある。①「断片」、②「寛大さ」、③「洞察力」の意味。

5 正解：② 助動詞

訳：将来を決定する際に、彼は彼女の親切な助言に従うことができたのに、そうしなかった。

when S'V' のV'が過去形なので、主節も過去形を使って、①、②、④に正解の候補を絞る。助動詞の後ろは動詞の原形なので、**②が正解。could have p.p.**「～できたのに(しなかった)」、「～したかもしれない」の意味。

6 正解：① 動詞の語彙

訳：彼は政治にとても興味があるので、まもなく行われる選挙に立候補する予定だ。

空所の後ろのin the upcoming election「まもなく行われる選挙」と①から、**run**「立候補する」を推測して、①**が正解**。②「取る」、③「作る」、④「見る」の意味。**runの用法**をまとめる。

総まとめ POINT 16 runの用法

自動詞で「走る」⇒ 他動詞で「お店を走らせる」＝「経営する」、自動詞で「(川が)流れる」、「(選挙に) 立候補する」、名詞で「上演」、**in the long run**「結局は」

7 正解：③ 形容詞の語彙

訳：調査の中には、気候変動に関して大衆が悲惨なほど何も知らないことを示すものもある。

空所の後ろの「気候変動に関する大衆の無知」から、**distressing**「悲惨な」レベルと推測できるので、③**が正解**。①「配置する」、②「引き離す」、④「分配する」の意味。

8 正解：③ 動詞の語彙

訳：私たちの研究グループには、もう一人入る余地はないので、私をおだてようとしてはいけない(私をおだてても無駄だ)。

butter up「おだてる」は、**flatter**「お世辞を言う」が意味が近いので、③**が正解**。①「私に言及する」、②「私をからかう」、④「私を怒らせる」の意味。

9 正解：③ 接続詞

訳：ウォーレンとグラハムは違っていたけれども、彼らには共通点があった。

空所の前後のDifferent、Warren and Graham wereと③から、**形容詞 as S be**「Sは 形容詞 だけれども」を推測して、③**が正解**。**譲歩のas**と言われている用法で、thoughにしても、ほぼ同じ意味になることをおさえておく。

10 正解：③ **熟語**

訳：多くの人間関係の問題は、ストレスが原因の可能性がある。

空所の前の「多くの人間関係の問題」は、空所の後ろの「ストレス」が原因であるという関係が成り立ち、**be attributed to**「～が原因だ」で意味が通るので、③**が正解**。①「～で認識されている」。②はresult in「～に終わる」、result from「～から生じる」の形で使う。④はlead to「～を引き起こす」で使う。⑤はplay a key role「重要な役割を果たす」のように使う。

DAY 1 2 3 4 5 6 7 8 9 10 11 12 13 14 15 16 17 18 19 20

2

時制・関係詞

1. 正解：On the one hand, (international wars have become increasingly rare).

下線の後ろの文の「例えば、2015年には、国家間の戦争は1回あっただけで、それは、およそ30人の犠牲者を出した、インドとパキスタンの間の短期間の衝突だ」を参考にして、**international wars have become increasingly rare**と並べる。**「国家間の戦争はますます珍しくなっている」**と文脈が通る。**international warとするには冠詞のanが必要なので、複数形のinternational warsにしてhaveと合わせる**ことに注意する。

2. 正解：On the other hand, the world is a long way from that condition of perpetual peace which Enlightenment thinkers like Kant (hoped might be a product of) modernity.

下線部の前がthat condition of perpetual peace which Enlightenment thinkers like Kantで、likeが前置詞なので、which節の主語Enlightenment thinkersに対するVが必要だと考える。thatは予告のthatと言われていて、後ろからwhichのような説明が続くことを表す。thinkersにhopeを対応させると意味が通る。また、文章全体の流れから、**「カントのような啓蒙思想家が望んだ」のは過去時制**ととらえて、**hoped**を続ける。選択肢のmightは後ろに動詞の原形を置くので、**might be a product of modernity**「近代の産物となるかもしれない」で完成。that condition of perpetual peace which Enlightenment thinkers like Kant **hoped might be a product of** modernity「カントのような啓蒙思想家が近代化によって生まれるものと願った恒久平和の状態」となり、whichの後ろから、SVVの並びになる連鎖関係詞が使われていることに注意する。

全訳

下線部のすべての単語を使って、文を完成させなさい。必要に応じて、順序や単語の形を変えなさい。与えられていない単語を使ってはいけません。

18世紀の終わりに、一部の哲学者は恒久的な平和を夢見た。しかし、21世紀のはじめになり、政治家たちは、国境を越えたテロリストがどこでもいつでも戦う内線が世界各地で起こるという悪夢を想起させる。現代の政治的暴力は逆説的だ。一方、国際的な戦争はますます珍しくなっている。例えば、2015年には、国家間の戦争は1回だけ、すなわち、およそ30人の犠牲者を出した、インドとパキスタンの間の短期間の衝突だけであった。南北アメリカ、西部、中部ヨーロッパといった大きく重要な地域では、国家間の軍事衝突の可能性がゼロとなる地点にまで遠ざかっている。一方、カントのような啓蒙思想家が近代化によって生まれるものと願った恒久平和の状態から、世界は遠いところにいる。

3

1　正解：⑤　　不定詞・時制・前置詞

訳：東南アジア市場のますます増加する需要に応じるために、私たちの会社は毎年、平均20%生産能力を上げてきた。

①「～するために」、②は現在分詞のgrowingがdemandを修飾して「ますます増加する需要」、③は現在完了、every yearと使用しても問題ない。④は差を表すbyにaverageの冠詞anが付いた表現。すべて正しいので、**⑤が正解。**

2　正解：① ⇒ the day when　　関係詞

訳：私はそのパーティーであなたと会った日のことをいまだに覚えている。私たちはそれ以来ずっと一緒にいたが、今私たちの関係はバラバラになりつつあるように思える。私はその関係がこのように終わるとはまったく想像していなかった。

①は「私がそのパーティーであなたと会った日」なので、先行詞のthe dayを前に出して、関係副詞のwhenを続ける形にする。**①をthe day whenにする**のが正しい形。②は現在完了と使う「それ以来ずっと」の意味、③は「～であるように思える」、④は「私は決して想像しなかった」の意味。

3　正解：② ⇒ communicating[communication]　　動名詞

訳：固定観念は、異文化間のコミュニケーションの主な障壁となる。私たちは以前の経験に基づいて、人々を型に当てはめようとする。

②は不定詞ではなくて、**a barrier to ~**「～への障壁」の前置詞toに対する目的語なので、名詞か動名詞にする必要がある。よって、**②をcommunicating[communication]にする**のが正しい形。①はbarrierが可算名詞なのでaを付けても問題ない。③はfit A into B「AをBに合わせる」のinto、④はbased on「～に基づいた」で、patternsを後ろから修飾する過去分詞のカタマリ。

4 正解：① ⇒ a means of 　**名詞の語彙**

訳：外国語の没入法は、言語を習得する手段としては理にかなっているが、英文学の作家にとって、自分がキャリアや文学的アイデンティティを確立するのに使った言語を捨てることは、奇妙な行動にも思える。書くための言語を持たない作家とは何者なのだろうか。

means「手段」は単数形と複数形が同じ単複同形だが、ここではtotal immersion「没入法」という1つの学習方法を受けて使われているので、単数形と解釈して①**をa means ofにする**のが正しい形。②は逆接のbutとfor「～にとって」、③は先行詞のthe languageが関係詞節の中では、she has established her career and literary identity **in the language**となるので、in whichで問題ない。④はabandoning ~ identityという動名詞の主語に対する動詞なので、seemsと3単現のsを付ける。

5 正解：③ ⇒ learned from 　**動詞の語法**

訳：今後数年間のアメリカの政策にとって最優先で必要なことは、アメリカが古代ローマという手本や100年前のイギリスから学んだ、バランスの取れた世界戦略に立ち返ることだ。

③は「～という手本から学んだ」という意味で、かつ先行詞のthe balanced, global strategyがthat以下の関係代名詞の節の中で機能する必要があるので、③**をlearned fromにする**のが正しい形。learnedの目的語が欠けていて、先行詞のthe balanced, global strategyがそこに入っていたと考えると、文法、意味上の整合性が合う。①は不定詞の形容詞的用法でthe yearsを修飾して、「**これからやってくる**数年」の意味。②は、globalと共にstrategyを修飾する形容詞で、the balanced and global strategy「バランスの取れた世界戦略」が、the balanced, global strategyになった形。④はof ~ agoがthe Britainを修飾して、「100年前**の**イギリス」という表現。

DAY 16

1

1 正解：②　熟語

訳：今日の報告書は、偏見と、有色人種の学生が仲間の学生よりも厳しい罰を受ける様子に関する、以前の研究に基づいている。

空所の後ろのonと②から、**build on**「～をもとにする」を推測する。「今日の報告書は、～の以前の研究**をもとにしている**」で意味が通るので、②**が正解**。①はanswer Oで「Oに答える」、③はcontradict Oで「Oに反論する」、④はinvolve Oで「Oを含む」の意味。

2 正解：①　熟語

訳：私は、つかの間の仲間と離れたくなかったので、角の街灯の下で傘を持ちながら立っていた。

be reluctant to do「～したがらない」は、**be unwilling to do**「～するのに気が乗らない」と近い意味になるので、①**が正解**。re「逆に」の意味から、reluctant「～に気が乗らない」＝「～したがらない」の意味になる。他の選択肢は、② be eager to do「～することを熱望する」、③ be independent of「～から独立している」、④ be prepared to do「進んで～する」で使う。

3 正解：②　副詞の語彙

訳：この学校の教職は、主に男性が占めている。

predominant「卓越した」から、**predominantly**は「主に」の意味で、**mostly**「ほとんど」と一番意味が近いので、②**が正解**。①「人工的に」、③「綿密に」、④「伝統的に」の意味。

4 正解：①　形容詞の語彙

訳：もしあなたの主張が適切でないなら、誰もあなたの意見を真剣にはとらえないだろう。

pertinentは「適切な」の意味で、**relevant**「適切な」が一番近いので、①**が正解**。両者とも、「（問題などに）**関連する**」という意味から「（問題などに）**適切な**」という意味が生まれた語。②「輝いている」、③「厳守する」、④「絶え間ない」の意味。

5 正解：④ 名詞の語彙

訳：「利子」という言葉は、お金を借りたときに返さなければいけない、あるいは銀行口座にお金を預けたときに受け取ることのできる追加のお金と定義される。

空所の後ろの「お金を借りたときに返さなければいけない、あるいは銀行口座にお金を預けたときに受け取ることのできる追加のお金」から、「利子・利息」と推測して、**interest**「利子」がふさわしいので、**④が正解**。①「資金」、②「借金」、③「財政」の意味。**お金を意味する重要単語【応用編】**をまとめる。

総まとめ POINT 17 お金を意味する重要単語【応用編】

interest「利子」／**toll**「通行料」／**change**「お釣り」／**allowance**「小遣い」
wage「(肉体労働に対する) 賃金」／**currency**「通貨」

6 正解：③ 助動詞

訳：彼女が運転の試験で失敗しないことが不可欠だ。

It is essential thatの後ろはshould ＋ 動詞の原形か、動詞の原形を使うので、**③が正解**。否定文の場合はshould not＋動詞の原形か、not ＋ 動詞の原形にする。①はhowでは意味が通らない、②はof herの文法的役割が不明、④はshallが誤り。

7 正解：② 動詞の語法・否定

訳：緊急の問題に対処するのに価格メカニズムが不十分であるのを見ると、経済理論が決して浅はかではないとみなすのは難しい。

空所の前のregardから、**regard A as B**「AをBとみなす」を推測して、①、②、③を正解の候補に絞る。③は、for anythingの意味が不明。①はsomething else「他の何か」で形容詞のshallow「浅い」を後ろに続けることができない。②は、**anything but**「決して～ない」にshallowを続けると「決して浅はかではない」とつながる。全体も「緊急の問題に対処するのに価格メカニズムが不十分であるのを見ると、経済理論が**決して**浅はかでは**ない**とみなすのは難しい」と意味が通るので、**②が正解**。

8 正解：③ 熟 語

訳：有能なウェブの開発者に対する需要は、インターネットのおかげもあって、最高に高まっている。

空所の後ろのtoと③から、in partを前置詞句として読み飛ばして、**thanks to**「～のおかげで」を推測する。「有能なウェブの開発者に対する需要は、インターネット**のおかげもあって**、最高に高まっている」と意味が通るので、**③が正解**。①「～が原因で」、④「～を考慮すると」は、後ろのtoに続けられない。

9 正解：③ 名詞の語彙

訳：すべての学生は、毎週ある種の宗教的儀式に参加することを求められていた。カトリックの学生は町の教会に行くことができ、プロテスタントは学校の聖堂の日曜礼拝に参加できた。

空所の前のreligiousと③から、**religious service**「宗教的儀式」を推測する。「すべての学生は、毎週ある種の**宗教的儀式**に参加することを求められていた」と意味が通り、セミコロンの後の具体例とも整合性がとれるので、**③が正解**。①「命令」、②「信頼」、④「義務」の意味。

***10** 正解：③ 接続詞

訳：私は彼女が宿題を終えていないかどうか[いつ宿題を終えていないか、宿題を終えていないかどうか、なぜ宿題を終えていないか]がわかる。

他動詞のtellには「**〜がわかる**」という意味もある。この場合、名詞節を続ける必要があるが、③は「〜するときはいつでも」と副詞節しか作れないので正解になる。他の選択肢は名詞節を作ると、それぞれ①「〜かどうか」、②「いつ〜か」、④「〜かどうか」、⑤「なぜ〜か」の意味になる。

2

比較・熟語

1. 正解：(more than 200 million people are dependent on the ocean for their livelihood**); 〜**

選択肢のare、dependent、on、forから、**be dependent on A for B**「AにBで依存している」を推測する。「依存している」対象はocean、「依存している」点はlivelihood「生計」と推測して、**are dependent on ocean for their livelihood**まで並べる。前文を参考にして**the**をoceanの前に置き、主語に、**more than 200 million people**「2億を超える人々」を置いて完成。

2. 正解：The (reality is that the ocean is essential to human survival**), 〜.**

空所の前のThe、選択肢のreality、is、thatから、**The reality is that** 〜.「実は〜」を推測する。〜には、is、essential、toから、**be essential to**「〜に不可欠だ」を推測して、**the ocean is essential to human survival**「海は人間の生存に不可欠だ」で完成。

全訳

文脈に合うように、下線部のすべての単語を使って、文を完成させなさい。必要に応じて、順序を変えなさい。単語の形は変えてはいけません。与えられていない単語を使ってはいけません。

多くの人にとって、海は遠い場所であり、私たちの肉体的、心理的限界を超えて広がる広大な未開の自然で、異質であると同時に冷淡で魅力的で抵抗しがたく、それに関して私たちはごくわずかしか知らない。しかし、次のような事実を考えてみよう。海は地表の71%を覆っている。海は真水の再利用と浄化の中心的要素である。海は世界のたんぱく質の40%を提供していて、特に開発途上国でその比率が大きい。2億を超える人が、生計を立てるのに海に依存している。世界人口の65%が、海岸から100マイル以内の場所に暮らしている。実際に、海は人間が生きていくのに不可欠だ。食料、水、気候、コミュニティーの主要な源であり、直接的で普遍的で否定できない。すなわち、海は私たちが暮らす主要な生態系で、海があらゆるものをつなげている。

3

1 正解：③ ⇒ unless

接続詞

訳：栄養成分表示について言うと、世界の主要な経済圏のほとんどが、義務化している。しかし、一部の経済圏では、保健上の要請がない限り、それは任意のものになる。

Butから始まる文は、someがeconomiesに対して使われていて、itがnutrition labelling「栄養成分表示」を指している。「一部の経済圏では、保健上の要請があると、栄養成分表示は任意のものだ」では意味が通らない。「一部の経済圏では、保健上の要請が**ない限り**、栄養成分表示は任意のものだ」にすると意味が通るので、**③をunless「〜しない限り」にする**のが正しい形。①はmost of「〜のほとんど」のmost、②はnutrition labellingを指す。④はbe made「行われる」のmade。

2 正解：① ⇒ Given

分詞構文

訳：その国の史上初の軍事的な敗北で前例にない規模の破壊を被ったことを考慮すると、兵士は不当な戦争で戦ったと、非難されたのも驚きではない。

①はGiveのままでは命令文なので、目的語の後にさらにit isと文を続けることはできない。**①をGiven(that)「〜を考慮すると」にする**と、分詞構文で後ろにSVを続けることができる。「その国の史上初の軍事的な敗北で前例にない規模の破壊を被ったこと**を考慮すると**、兵士が不当な戦争で戦ったと、非難されたのも驚きではない」と意味も通るので、正解と判断する。②「史上初の」、③はitがthat以下を指す形式主語なので、現在分詞のsurprisingで問題ない。④ be stigmatized for「〜で非難される」のfor。

3 正解：② ⇒ for instance

熟 語

訳：ウォーフの理論には異論が多い。専門家の中には、それはどちらかと言うと影響力の問題だと主張するものもいる。すなわち、例えば英語によってロシア語とは異なった考え方を強いられるのではなく、言語が異なった関連性を持つために頭脳に異なる影響を与えるのだと主張するのだ。

for instanceで「例えば」という意味なので、②を**for instanceにする**のが正しい形。「ウォーフの理論には異論が多い。専門家の中には、それはどちらかと言うと影響力の問題だと主張するものもいる。すなわち、**例えば**英語によってロシア語とは異なった考え方を強いられるのではなく、言語が異なった関連性を持つために頭脳に異なる影響を与えるのだと主張するのだ」と意味も通るので、正解と判断する。①は「それはむしろ影響力の問題だ」、③は「言語は異なる関連性を持つ」、④はhave effects on「～に影響を与える」のeffects onが使われていて「あなたの頭脳に異なる影響を与える」で意味が通るので、問題のない表現。

4　正解：① ⇒ in office　熟　語

訳：オバマの在職1年目が終わる前に、5人のノルウェー人の政治家が、彼にノーベル平和賞を授与したが、このことは、その賞を受けるに値することを彼はまだ何もやっていないと考える多くの人をひどく驚かせた。

「在職中で」の表現は**in office**となるので、①を**in officeにする**のが正しい形。なお、be at the officeで「事務所にいる」の意味。②はto the consternation of「～が仰天したことに」のto。③「～と考えた多くの人」の意味。④はitがthe Nobel Peace Prizeを指して、「それを受けるに値する」の意味。

5　正解：④ ⇒ has stopped　接続詞

訳：労働人口のたった1%ほどしか、現在農業に従事していないけれども、最近、人々が田舎で暮らして街に通勤する傾向が増えており、結果として、田舎の人口減少が止まった。

4行目の~, so that ...「～、結果として…」は、～の部分に原因が、…の部分に結果が入る。「人々が田舎で暮らして、街に通勤する傾向が増えている」という原因から「田舎の人口減少が**止まった**」という結果が推測できるので、④を**has stoppedにする**のが正しい形。~ percent of ... はofの後に入る語（句）で単数か複数かが決まる。populationは単数・複数両方の扱いが可能で、この文では複数扱いしている①は問題ない。②は不定詞のto liveの主語で「人々が」の意味、③はandがliveとcommuteの並列で「～に通勤する」の意味で問題のない表現。

DAY 17

1

1 正解：① 副詞の語彙・形容詞の語彙

訳：私たちはお金に支配されている文化の中で暮らしているが、それは決して水に気づかない魚のように、私たちがそれにかろうじて気づけるほど、定着しており、なじみ深い文化だ。

空所の後ろのitは、a culture dominated by money「お金に支配されている文化」を指していること、likeが前置詞で「水に気づかない魚**のように**」の意味から、空所の内容を推測する。be aware of「～に気づく」と**barely**「かろうじて」から「**かろうじて**それに気づけるほど、定着していて、なじみがある」と意味が通るので、**①が正解**。②「十分に意識して」、③はbe sensitive to[about]で「～に敏感だ」という意味。④のunnoticedは「気づかれない」で、気づかれない対象が主語になるので、本問のように後ろに置くことはない。

2 正解：② 動詞の語彙

訳：その女性はそこは不慣れだったが、知っている風(ふう)を装(よそお)った。

assumeは「思い込む」のほかに、**assume a look of surprise**「驚いたふりをする」のように使うことができ、本問でも「知っている**風を装った**」という意味で使われている。**affect**にも「～のふりをする」の意味があるので、②**が正解**。①「受け入れた」、③「想像した」、④「推測した」の意味。

3 正解：③ 形容詞の語彙

訳：ローズは兄弟姉妹と違って、生まれつき芸術が好きだ。

innate「先天的な」の意味から、**instinctive**「本能の」が一番近いので、③**が正解**。両方ともin「中に」から、「生まれ持って備わる」＝「先天的な」、「本能の」という意味になると覚えておく。①「知的な」、②「傑出した」、④「国際的な」の意味。

4 正解：① 形容詞の語彙

訳：違法ドラッグが大きな問題になっている。

hugeはbigを強めた表現で、「巨大な」の意味。**immense**「巨大な」が一番近いので、①**が正解**。immenseはim-（否定）＋mense「計る」＝「計ることができない」から「巨大な」の意味になった。②「不可欠な」、③「集中的な」、④「無関係の」の意味。

5 正解：①　**熟語**

訳：「マイク、私は今日とても具合が悪い」
「トム、当然の報いだよ。あなたは昨晩パーティーで食べすぎたよね？」

空所の前のIt serves youから、**It serves you right.**「当然の報いだ」を推測して、①**が正解**。直訳すると「それはあたなに正しく奉仕する」＝「当然の報いだ」となった表現。空所の後ろの「あなたは昨晩パーティーで食べすぎたよね？」とも意味が合う。②「大いに」、③「間違って」、④「ほとんど～ない」の意味。**頻出の会話表現【応用編】**をまとめる。

総まとめ POINT 18 頻出の会話表現【応用編】

It serves you right.「当然の報いだ」
You can say that again.「その通りだ」
What a bummer!「なんて残念なことだ」
Beats me.「さっぱりわからない」

6 正解：②　**熟語**

訳：彼はその女性の手を取って、煙の立ちこめる部屋の外に連れ出した。

空所の前後のtook the lady、the handから、**take O by the hand**「Oの手を取る」を推測する。「彼はその女性**の手を取って**、煙の立ちこめる部屋の外に連れ出した」と意味も通るので、②**が正解**。このbyは**経由のby**といって、元々「手を経由してOをつかむ」＝「Oの手を取る」となった表現。

7 正解：④　**関係詞**

訳：昔からの知恵によると、数学はより才能のある学生には秀(ひい)でることが期待されるが、単純に「数学が苦手な人」である学生は落ちこぼれてしまう科目だ。

最初の空所の後ろのexcelは、**excel in[at]**「～で優れている」と使うので、④を正解の候補とする。2番目の空所は、先行詞がstudentsで、続く関係詞節の主語が欠けており、who areで受けられるので、④**が正解**と確定する。文の最後のbehindは、**leave O behind**「Oを置き去りにする」のbehind。①、③のwhomは先行詞が人で、関係詞節の目的語が欠けているときに使う。

8 正解：④　**疑問**

訳：90年後に世界がどのようなものになるかを心配することは、必要ないように思えるかもしれない。

空所の前のwhat the world may beと④から、**what S is like**「Sはどのようなものか」を推測する。「90年後に世界**がどのようなものになるか**を心配することは、必要ないように思えるかもしれない」と意味が通るので、④**が正解**。①「起きて」、②「困って」、③「前方へ」でいずれもwhat、beに合わない。

9 正解：④ **動詞の語法**

訳：ゴードンは都市を見渡して、左手の荘厳な国会議事堂に驚いた。

空所の後ろのatと④から、**marvel at**「～に驚く」を推測する。「ゴードンは、都市を見渡して、左手の荘厳な国会議事堂**に驚いた**」と意味も通るので、④**が正解**。①、②、③はいずれも感情動詞で、それぞれbe amazed at「～に驚く」、be delighted at「～に喜ぶ」、be astonished at「～に驚く」と受動態で使うことをおさえておく。

***10** 正解：② **時 制**

訳：私は南アフリカのボツワナ出身だ[ボツワナで暮らしている、ボツワナに行く途中だ]。

be born in「～で生まれる」は通常過去形で、was born in「～で生まれた」と使うので、現在時制の本問では使えない。よって、②**が正解**。①「～の出身者」、③「～出身で」、④「～で暮らしていて」、⑤「～に行く途中で」の意味。

2 **比較・関係詞**

1. 正解：~ and analyze data for (some of the more routine experimental settings).

統計的手法とデータ分析というコースの目的に関する記述で、「～のためにデータを分析してまとめる」という意味を読み取る。moreとexperimentalで「より実験的な」と比較級を作り、settings「状況」を続けて**more experimental settings**「より実験的な状況」と一旦並べる。残った選択肢でsome of「～のいくつか」と並べて冠詞のtheを使って、**some of the more experimental settings**「より実験的な状況のいくつか」と並べる。残った選択肢のroutineは形容詞で「日常の」という意味があるので、**some of the more routine experimental settings**「より日常に近い実験的状況のいくつか」で意味が通るので、完成。

2. 正解：~, we also want to focus the student (on where these methods fit into the) context of making sense of data.

空所の前のfocus the studentとonから、**focus A on B**「AをBに集中させる」を推測して、whereが名詞節の「～場所」を作れるので、focus the student on **where ~**「学生を～場所に集中させる」まで並べる。fitが、**fit into**「～に適合する」の形をとるので、**these methods fit into the** context of making sense of data「**これらの方法が**データを理解する文脈**に適合する場面**」で意味が通るので、完成。

3. 正解：The text (is divided into chapters which include) parts on the four steps of ~.

選択肢のis、divided、intoから、**be divided into**「～に分けられる」を推測して、

The text **is divided into**まで並べる。選択肢の後ろにあるas well as separate chapters which contain ～から、B as well as A「AだけでなくB」を推測して、containとincludeの意味が近いことからも、**chapters which include** partsと続けて完成。「**文章は、**必要な背景や関連資料を含む個別の章とともに、データを理解する4つの段階**に関する部分を含む章に分けられる**」と意味も通る。

4. 正解 : **Thus, this edition aims at** (being ever more practical than previous editions) **by relating the methods ~.**

空所の前の**aims at**「～をねらいとする」から、目的語を探して、**being ever more practical**「よりいっそう実践的であること」まで並べる。everは比較級を強調して「いっそう」の意味。this editionが主語なので、**than previous editions**で完成。

5. 正解 : **~ to the context** (in which they are used to solve) **real life, practical problems.**

in、whichでthe contextを先行詞とする関係詞節を始める。are、used、to、solveで、**be used to do**「～するのに使われる」を推測して、the context **in which they are used to solve** real life, practical problems.で完成。「現実の実践的な問題を解決するのにそれらを利用する状況」と意味も通る。

全訳

次の文章を読んで、1 ～ 5の語を正しい順序に並べ替えなさい。

この版の焦点は、以前の版とは少し変化している。確かに、統計的手法とデータ分析のコースの主な目的は、学生が自分の分野で統計が果たす役割を正しく認識して理解することや、適切な統計的手法を応用して、より日常に近い実験的な状況に対応するデータをまとめて分析する能力を発達させることにある。これらの目的を満たすと同時に、私たちはまた、学生にはこれらの方法がデータを理解する文脈に適合する場面に注意を向けさせたい。この目的のために、私たちはデータを理解する際に次の4つの段階を考慮することで、第4版に取り組んだ。つまり、データを集める、データをまとめる、データを分析する、そしてデータ分析の結果を伝えるという段階だ。文章は、必要な背景や関連資料を含む個別の章とともに、データを理解する4つの段階に関する部分を含む章に分けられる。この構成や重点によって、私たちは、学生にデータの要約や分析はデータを理解するというより大きな問題における段階だということを理解してもらいたい。したがって、この版は、文章の方法とデータ分析の技術を、現実の実践的な問題を解決するのにそれらを利用する状況に関連させることで、以前のものよりいっそう実践的であることを狙いとしている。

3

1 正解：⑤ 前置詞・熟語

訳：無境界仮説によると、ビッグバンの前に何があったかを尋ねても意味がない。参照すべき時間の概念がないので、南極の南に何があるかを尋ねることのようなものだ。

①は**according to**「～によると」のto。②は「ビッグバンの前に生じたもの」という文脈なので、過去形で正しい。③は前置詞で「～のように」、④は**refer to**「～を参照する」のtoで、toの目的語であるno notion of timeを修飾する形容詞的用法の不定詞なので、toで終わる形で正しい。よって、**⑤が正解**。

2 正解：④ ⇒ shouted 受動態

訳：私は2、3年の間、騒がしい工場で彼らと仕事をしていたが、怒鳴られるのに慣れることは決してなかった。

②、③、④は「**怒鳴られる**のに慣れなかった」と意味を読み取って、shoutは受動態にすべきなので、**④をshoutedにする**のが正しい形。①は過去完了進行形だが、過去のある時点までの継続を表す文脈なので正しい。②、③はget used to doing「～することに慣れる」のgetが過去形になって、neverが付いた表現。

3 正解：③ ⇒ in the process of adopting a new language 前置詞

訳：作家は外国語に逃避することで、自分自身を活性化させる。ある意味で、作家の思考停止に対する極限の解決策だ。彼らは異なる言語使用域で再び書くことを学ぶ。そして、新しい言語を使用する過程で、彼らの昔の言語との関係が変化する。

in the process of「～の過程で」と使うので、**③をin the process of adopting a new languageにする**のが正しい形。①は「外国語に逃避することによって」の意味で、escape from「～から逃げる」、escape to「～に逃げる」と区別しておさえておく。②「～に対する極端な解決策」の意味。④は、theirがwritersを受ける代名詞、oneがlanguageを受ける代名詞で「以前使っていた言語と作家の関係性が変わる」の意味。

4 正解：① ⇒ tore SVの一致

訳：嵐がうなりながらフロリダを通り過ぎるとき、たたきつけるような風が木や電線を同様になぎ倒して、月曜の午後までに、当局は、その嵐のせいでその州の2,060万人の住民の大半に停電が起きた可能性があると言った。

As S'V', SV.「S'がV'するとき、SがVする」と文構造を予測すると、the storm roaredがS'V'で、officials saidがSVになるが、この節の前にandがあるため、thrashing ~ alikeが文構造から宙に浮いてしまう。①のtearingをVにすると、andが2つのSVを接続していることになって文が成立するので、**①を過去形のtoreにする**のが正しい形。tear-tore-tornの変化をおさえておく。②「同様に」、③ may have p.p.「〜したかもしれない」のp.p.にcut「切断する」が使われている。④「大多数の」の意味。

5 正解：① ⇒ from which[where] 関係詞

訳：イギリスのほぼすべての街には、地方自治体がお金を出す公立の図書館があり、地域の人はそこで無料で本を借りることができる。借りる人は、通常一度に10冊まで借りることが認められている。

①はa public libraryを先行詞にとる関係詞だが、関係詞節ではlocal people may borrow books free of charge **from the public library**「地域の人が公立の図書館から無料で本を借りることができる」という形になるので、**①をfrom whichかwhereにする**のが正しい形。②はfree of charge「無料で」のof charge。③はbe allowed to do「〜するのを許される」のallowed to、④はbe allowed to doのdoに置かれたhaveと、up to「〜まで」が組み合わさった形。

DAY 18

1

1 正解：① 熟語

訳：父の事業を引き継いだばかりの青年として、マーティンは、自分が有能なビジネスマンだと証明することを強く熱望していた。

空所の前後のwas、toと①から、**be keen to do**「～することを熱望する」を推測する。「マーティンは、自分が有能なビジネスマンだと証明することを**強く熱望していた**」と意味も通るので、**①が正解**。②「鋭い」、③「端」、④「獰猛(どうもう)な」の意味。

2 正解：② 動詞の語彙・熟語

訳：その事務局長の賄賂(わいろ)は、報道によって暴かれた。

uncoverはun-（否定）＋ cover「覆う」＝「覆いを外す」＝「暴く」なので、**bring O to light**「Oを明るみに出す」の受動態であるO' be brought to lightになる**②が正解**。①「攻撃されて」、③「支配されて」、④「従われて」の意味。

3 正解：③ 動詞の語法

訳：猫を飼うことで、本当にネズミが中に入ってくるのを防げると思いますか？

deter O from doing「Oが～するのを妨げる」は、**discourage O from doing**「Oが～するのを妨げる」と同義なので、**③が正解**。①「とらえる」、②「無視する」、④「後悔する」の意味。**SVO from doingの型をとる動詞**【応用編】をまとめる。

総まとめ POINT 19 SVO from doing「Oが～するのを妨げる」の型をとる動詞【応用編】

prevent ／ keep ／ stop ／ **prohibit** ／ **hinder** ／ **discourage** ／ **deter**

4 正解：② 熟語

訳：私たちは、次の食事がどこからくるのかまったくわからずに、その日暮らしで生きていた。

空所の前後のlived from、mouthから、**live from hand to mouth**「手にしたものを口に運んで生きる」＝「その日暮らしをする」を予測して、**②が正解**。①「鼻」、③「まゆ」、④「頬」の意味。

5 正解：④ 形容詞の語彙

訳：父は怒って、私に叫んだ。「いい子にしなさい！　なぜお前は、弟にそんなに意地悪なんだ？」

「父が怒って、私に叫んだ」と④から、**mean**「意地悪な」を推測する。「なぜあなたは、弟にそんなに**意地悪**なの？」と意味が通るので、**④が正解**。①「熱心な」、②「きちんとした」、③「気前の良い」の意味。

6 正解：④ **前置詞**

訳：私がはじめてサイモンと知り合いになったとき、彼は結婚していて、3人の子どもがいた。

空所の前のwas marriedから、**be married to**「～と結婚している」を推測するが、「3人の子どもと結婚していた」となり、意味が通らず、また選択肢にtoがない。**be married with**で「～と結婚している」にはならないが、～ childrenを後ろに続けると、**「結婚して～人の子どもがいる」**となるので、**④が正解**。

7 正解：① **比較・熟語**

訳：感傷的な人は、多くの感情を見せれば見せるほど、それだけ人間らしいと考える傾向にあるが、その逆が正しい場合がある。

you displayの目的語には名詞がくるので、**emotion**「感情」の①、③に正解の候補を絞る。2番目の空所の後ろのthe caseから、**be the case**「事実だ」を推測して、**①が正解**。

8 正解：③ **SVの一致・受動態**

訳：現在起こっていることについての、世界のかなりばらばらの知識をまとめることを狙いとした2つの報告書が、とうとう公表された。

aimingから現在分詞で、onまでがTwo reportsを修飾すると判断する。**主語がTwo reportsと複数名詞**なので、haveで受けている③、④に正解の候補を絞る。主語のTwo reportsとpublishは「公表される」と**受動の関係**なので、**③が正解**。

9 正解：④ **名詞の語彙**

訳：「訪れた小学校の半分で、そのカリキュラムは効果的だったが、残りの小学校では、それはかなり効果が弱かった」とその調査官は言った。

In half the primary schools visited ～で「訪問した小学校の半分で、そのカリキュラムは効果的だったが」に対して、「(　　)でそれはかなり効果が弱かった」なので、空所には**「残りの半分」**を表す語が入ると推測する。**remainder**には「残り」の意味があるので、**④が正解**。①「少し」、②「大多数」、③「大量」の意味。

***10** 正解：② **時　制**

訳：もし雨が降るなら[降り始めるなら]、彼は家まで車であなたを迎えに来てくれるだろう。

時と条件の副詞節の中では、本来未来のことも現在時制で表すので、②**が不適当で、これが正解**とわかる。**will も may も主観的な表現で、通常これから先の内容を表すが、「雨が降るなら」という条件に、主観的でこれから先のことを意味する助動詞は使わない。**①の現在進行形を使っても構わないし、④、⑤は「雨が降り始める」の意味。

2

動詞の語法・比較・前置詞

1. 正解：~, nearly every undergraduate program continues (to require at least one semester of**) real analysis.**

空所の前の continues と選択肢の to、require から、continue to do「～し続ける」を推測して、nearly every undergraduate program continues **to require** まで並べる。at と least から、**at least**「少なくとも」を推測して、数詞と相性が良いので、**at least one semester** と並べる。残った of を続けて、**of** real analysis で完成。「ほぼすべての学部生のプログラムが、引き続き実解析の少なくとも1学期分を必要としている」と意味も通る。

2. 正解：~ allowed students to replace our two core proof-writing classes (with electives in departments like physics and**) computer science.**

空所の前に replace があるので、**replace A with B**「AをBと取り換える」を推測して、with を先頭に置く。**electives** が「選択科目」、**departments** が「学部、学科」の意味で、前置詞の like は具体例を後ろに置くので、**with electives in departments like physics and** computer science. で完成。「私自身の学部は、かつて学生がその学部の2つの中心となる証明の授業を、**物理学やコンピューターサイエンスのような複数の学部の選択科目と取り換える**ことを認めた数理科学コースを作ることで、この基準に異議を唱えた」と意味も通る。

3. 正解：~ the pieces did not (hold together without a course in analysis**).**

空所の前が did not なので、動詞の原形の **hold** から始める。主語の the pieces「その断片」とは履修科目の組み合わせを意味しているので、did not **hold together**「1つにまとまることはなかった」まで続ける。残りは、**without a course in analysis**「解析の授業なしに」で完成。

4. 正解：Our (desire to make analysis required study for**) wider audiences must be reconciled with the fact ~.**

Our は所有格で後ろに名詞を必要とするので、analysis、desire、study を候補に考える。desire を使うと、**desire to do**「～する望み」と不定詞の形容詞的用法を続けることができて、make を do に使うと、**make O C**「OをCにする」まで予測できる。よって、Our **desire to make** まで並べる。残りの選択肢の required study で「必要な勉強」＝「必修科目」となるので、**make analysis required study**

DAY 1 2 3 4 5 6 7 8 9 10 11 12 13 14 15 16 17 18 19 20

for wider audiences「解析をより幅広い聴講生に必修科目にする」で意味も通るので、完成。

5. 正解：~ to make the more (advanced topics accessible and worth the effort).

空所の前がmake the moreから、make O CのOに比較級＋名詞がくる形を推測して、make the more **advanced topics accessible and worth the effort**「より高度なテーマを、学びやすく努力しがいのあるものにする」と意味が通るので、完成。Oがthe more advanced topicsで、Cがaccessible and worth the effortの表現。advanced topics worth the effort and accessibleも正解。

全訳

次の文章を読んで、1～5の語を正しい順序に並べ替えなさい。

実解析は、安定を示す指標となっており、それなくしては数学のカリキュラムの進度がとらえにくくなってしまう。微分積分、コンピューターによる演算、統計学、そしてデータ分析が教育上様々に進化する中で、ほぼすべての学部生のプログラムは、依然実解析に少なくとも1学期を必須としている。私自身の学部は、かつて学生が自分の学部の2つの中心となる証明の授業を、物理学やコンピューターサイエンスのような、複数の学部の選択科目と取り換えることを認めた数理科学コースを作ることで、この基準に異議を唱えた。しかし、数年以内に、私たちは、その組み合わせは解析コースなしにはまとまらないと結論付けた。解析は、同時に哲学や応用数学のコースになる。それは抽象的で公理的な性質だが、経済学者や技術者が使う数学と関連している。それでは、そのような多様な関心や期待を持った学生に、私たちはどのように、成果をもたらすコースを教えられるだろうか。私たちのより幅広い聴講生に対して、解析を必修科目にしたいという願いは、多くの学生が、その科目をとても難解でちょっと恐ろしいとすら思うという事実と調整されなければいけない。このジレンマを解決する1つの喜ばしくない方法は、そのコースをもっと面白くないものにすることによって、より簡単にすることだ。省略された題材は、必ず解析にその真の面白みを与えるものだ。より良い解決策は、より高度なテーマを学びやすく、努力しがいのあるものにする方法を見つけることだ。

3

1 正解：④ ⇒ with 前置詞

訳：言語と社会の間の関係性や、社会における言語の様々な機能に関するいかなる議論も、これらの用語の1つひとつを定義しようとする試みから始めるべきだ。

begin with「～から始まる」と使うので、**④をwithにする**のが正しい形。①「どんな～でも」の意味、②は前にあるorがof the relationship ~とof the various functionsを並列して、Any discussionを修飾する形。③「～の中での」の意味。

2 正解：① ⇒ **distracted** 分詞構文

訳：たくさんの往来に気をとられていたので、私は彼女が通りで私に話しかけているのに気付かなかった。

distract「気を散らす」と①の後ろのbyからも受動の分詞構文を推測する。My attention distracted by all the traffic「たくさんの往来に私の気がとられていた」と意味が通るので、**①をdistractedにする**のが正しい形。②「気づかなかった」、③「話しかけて」、④「通りで」の意味。

3 正解：④ ⇒ **(the) hardest** 比較・副詞

訳：他の成熟した経済圏の女性と同様、ヨーロッパ中の女性は、何十年もの間、もうける子どもの数を減らしてきている。しかし、研究者は、少子化に向かう、新しい危険な場所を警告している。すなわち、経済危機が最も激しく直撃している南ヨーロッパ諸国だ。

hardlyは「ほとんど～ない」という意味なので、the economic crisis has hit most hardlyでは意味が通らない。「経済危機が最も激しかった」とすべき文脈なので、**④を(the) hardestにする**のが正しい形。副詞の最上級なので、theは省略可能。①は「～中の」、②はwarn of「～を警告する」を進行形にした表現。③は現在完了形で、過去が現在に影響を与えている時制なので、問題ない。

4 正解：④ ⇒ **more likely** 比　較

訳：心理学者の中には、子ども時代に、独立して、責任を持つようにすすめられた人々は、他の人たちより、何かを成しとげようとする意欲を持つ可能性がより高いと考える者がいる。

be likely to do「～しそうだ」を比較級にすると**be more likely to do**「より～しそうだ」となる。本問はこれにthan othersが挿入された形。つまり、be more likely than others to doとするべきなので、**④をmore likelyにする**のが正しい形。①「～する人々」、②「責任のある」、③「子ども時代」で問題のない表現。

5 正解：① ⇒ **becoming** 動名詞

訳：同性愛のカップルにより大きな権利を与えることを狙いとする、4つの異なる法案を立法府が可決したとき、タイは同性のカップルを法制化する、東南アジアで最初の国に徐々になろうとしていた。

come close to doing「もう少しで～するところだ」の応用である、**edge close to doing**を比較級にしたedge closer to doing「徐々に～するところに進む」を予測して、**①をbecomingにする**のが正しい形。to becomeのまま不定詞としても、用法を特定できないことに注意する。②は不定詞の形容詞的用法で、the first ~ to do「…した最初の～」のdoにlegalizeが使われている表現。③は法案を目的語にとって「～を(議会で)通過させる」=「～を可決する」の表現。④はaim to do「～することを狙いとする」のdoにprovideが使われている表現。

DAY 19

1

1 正解：② 熟語

訳：彼女は彼の性格を理解しにくいものだと思ったけれども、何となく彼が好きになった。

disposeは「配置する」以外に、dispose O to do「Oを～する気にさせる」の用法があり、**be disposed to do**になると「**～したい気がする**」の意味になる。**be inclined to do**「～する傾向にある」にも「**何となく～したい**」という意味があるので、②**が正解**。①はbe disqualified from (doing)「～する資格を失う」で使う。③はbe forced to do「～せざるをえない」の意味で、下線部と同義にはならない。④はbe in the mood to doでは「～する気になる」の意味だが、選択肢は否定表現なので下線部と同義にはならない。

2 正解：④ 名詞の語彙

訳：そのジャーナリストは、関係当局の誠実さを疑った。

integrity「誠実さ」は、**virtue**「美徳」が一番近いので、④**が正解**。①「偏見」、②「完全さ」、③「献身」の意味。

3 正解：① 比較・熟語

訳：その不動産業者が言っていたように、その家は築30年を超えているけれども、新築同然に見える。

as good as「～と同じくらい良い」＝「～同然の」という意味で、**practically**「ほぼ」と同義なので、①**が正解**。②「ますます」、③「突然」、④「たいていは」の意味。

4 正解：② 比較

訳：ガレージに行っても車になれないのと同様に、有名な大学に行っても教授になれるわけではない。

空所の前後のdoesn't、more thanから、**no more A than B**の変形である**not A any more than B**「Bと同様にAではない」を推測する。「ガレージに行っても車になれないの**と同様に**、有名な大学に行っても教授になれるわけ**ではない**」で意味が通るので、②**が正解**。

5 正解：③ 熟語

訳：彼女はその難問を解こうとして、途方に暮れていた。

空所の前のwas at her wits'から、**be at one's wits' end**「〜の正気の端にいる」＝「途方に暮れる」を推測する。「彼女はその難問を解こうとして、**途方に暮れていた**」と意味が通るので、③**が正解**。①「腕」、②「方法」、④「休憩」の意味。

6　正解：③　**分詞**

訳：彼らは先週の洪水の後に、修理のために橋を閉鎖した。

「先週の洪水**の後で**、修理のために橋を閉鎖した」と意味を読み取って、**following**「〜の後で」の意味から、③**が正解**。①「〜の前に」、②「〜によって」、④「〜の下で」。

7　正解：②　**文型・動詞の語法**

訳：私は、自分の姪（めい）にそのような無礼な態度で返答させない。

空所の後ろのmy niece、replyingから第5文型をとる動詞を推測する。Cにdoingをとるのは、**have O doing**「Oに〜させておく」なので、②**が正解**。「私は、自分の姪（めい）にそのような無礼な態度で返答**させない**」と意味も通る。

8　正解：①　**名詞の語彙**

訳：多くの人が、私たちの何世紀も前に存在していた文明は、いくらか遅れていて無知だったと思い込んでいる。これはもちろん真実ではない。

空所の後ろの内容を、次の文で受けて「これはもちろん真実ではない」と否定しているので、①から、「思い込み」に相当する**assumption**を推測する。「多くの人が、私たちの何世紀も前に存在していた文明は、いくらか遅れていて無知だった**と思い込んでいる**」と意味が通るので、①**が正解**。②「条件、状態」、③「考慮」、④「状況」の意味。

9　正解：②　**名詞の語彙**

訳：オニールは、彼の馬に不適切な薬物を与えたことで、多くの違反に対して綿密に調査されている。

空所の後ろの「彼の馬に不適切な薬物を与えたことで、多くの違反に対して」から、**scrutiny**「綿密な調査」を使うと、「オニールは**綿密に調査**されている」と意味が通るので、②**が正解**。**be under scrutiny**「綿密な調査がされている」という表現をおさえておく。①「建設」、③「議論」、④「抑圧」の意味。

***10　正解：③**　**熟語**

訳：私の親は、私のもとを訪ねたい［私のことを確認したい、私の家に泊まりたい］と思っている。

drop byは「〜に立ち寄る」だが、byの後には場所がくる。本問では、空所の後ろが人なので、③**が正解**。後ろが人の場合はdrop in onとする。①「〜を訪ねる」、②「(〜

の安否を）確認する」、④「～の所に滞在する」、⑤「～を訪ねる」の意味で、すべて空所に入れられる。

2　**動詞の語法・熟語・接続詞**

1. 正解：If future generations have given us nothing, should (we spend our hard-earned money trying to) make the world better for them?

空所の前がshouldで、文の最後が？で終わるので、疑問文を想定して、should we spendまで並べる。spendが**spend O doing**「Oを～するのに費やす」の型をとるので、**our hard-earned money trying to** make the world better for them?と続けて完成。

2. 正解：This issue has long hovered over discussions of climate change, but it (came into acute focus over the past) few weeks ~.

butの後ろなので、itが主語でcameがVと予測する。into、focusから、**come into focus**「明確になる、焦点が当たる」を予測する。overと空所の後ろのfew weeksから、**期間のover**「～の間」を推測して、**over the past** few weeksと並べる。残ったacuteを、focusの前に置いて、but it **came into acute focus over the past** few weeks ~.で完成。

3. 正解：~, (if we continue pouring greenhouse gases into the) atmosphere at ever-rising rates.

従属接続詞のifがあるので、**we continue**とSVを続ける。pouringがあるので、continue doing「～し続ける」を予測して、**if we continue pouring**まで続ける。intoから、**pour A into B**「AをBに注ぐ」を推測して、**if we continue pouring greenhouse gases into the** atmosphere ~.で完成。「もし私たちが温室効果ガスを大気に～放出し続けるなら」と意味も通る。

4. 正解：The worst-case possibilities are deeply frightening, but the likelihood (they will become a reality is unknown).

butの後ろでwill become、isと動詞が2つあるので、関係詞か接続詞の省略を考える。空所の前のlikelihoodはしばしば後ろに同格のthat節を続けるので、これを推測して、the likelihood they (= the worst-case possibilities) will become a realityと並べると「それら（最悪の可能性）が現実になるという可能性」と意味が通る。the likelihood is unknown「可能性はわからない」とSVCの文型を見抜いて、~, but the likelihood **they will become a reality is unknown**.で完成。

5. 正解：How severe will the damages be; what present-day policies might reduce them; and are they (a worthwhile investment compared to many)

alternatives for spending our money?

compared、toから、**compared to**「～と比べると」を推測して、**compared to many alternatives**「多くの代替手段と比べると」と並べる。空所の前後がare theyと？なので、疑問文を推測して、are they **a worthwhile investment**「それらは価値のある投資か？」と並べてcompared to many alternativesを続けて完成。worth「～に値する（価値）」は前置詞（名詞）で、worthwhile「価値のある」は形容詞であることをおさえておく。

全訳

次の文章を読んで、1～5の語句を正しい順序に並べ替えなさい。

もしあなたが数年前の夏、ハイウェイ101を北にサンフランシスコに向かって車を走らせていたら、フリーウェイの橋から横断幕がぶら下がっているのに気付いたかもしれない。未来の世代は私たちに何をしてくれたか？　とそれは尋ねていた。その質問は、それ自体が答えであるだけでなく、後に続く質問を示唆しており、それはたぶんそれを掲げた匿名の工作員の意図だった。もし将来の世代が私たちに何も与えていないのなら、私たちは彼らのために世界をより良くしようとすることに、頑張って稼いだお金を費やすべきなのか？　この問題は長い間気候変動の議論につきまとってきたが、2つの新しい報告が、気候変動に関する政府間パネルという、定期的にその問題を科学・経済的に再検討する国連の組織によって公表されたので、ここ数週間鋭い焦点が当たっている。科学者は何十年もの間、もし私たちが温室効果ガスをさらに加速させながら大気中に放出し続けるなら、地球が物理的にどうなってしまうのかを理解しようと努めてきた。彼らはいくらか前進したが、実質的には不確実なままだ。最悪の可能性はとても恐ろしいが、それらが現実になる可能性はまだわからない。そして、だからこそいっそう難しくなるのは、大部分が経済的問題だが、見積もられた気候変動が人間社会に与えるかもしれないものを理解する作業だ。その損害がどれほど厳しいか、現在のどんな政策がそれらを減らすかもしれないのか、そしてそれらは私たちのお金を費やすものとして、多くの代案に比べて、投資する価値があるものなのか？　経済学者の中には、この問題に勇敢に取り組んでいる者もいる。

3

1　正解：④ ⇒ **did**　**時制**

訳：やがてヨーロッパ人たちは、自分たちで取り決めた地図を持って武装して、アフリカの内部に進出したとき、ベルリンで引かれた国境線の多くが、アフリカの地理的、経済的、民族的現実をほとんど正当に評価していないとわかった。

④はdiscoveredとの時制の一致により、過去形にする必要があるので、**④をdidにする**のが正しい形。①はin due course「やがて」のdue、②は分詞構文でarmed with「～で武装して」のarmed、③は「取り決められた」の意味で、後ろの

mapを修飾している。

2 正解：④ ⇒ that of 代名詞

訳：理事の１人は、若い学者のキャリアを促進するより、むしろ年長の教授のキャリアを延長することが公平なのかどうかを尋ねるかもしれない。

④は「若い学者の～」から、the careerを受ける代名詞とわかるので、**④を単数形のthat ofにする**のが正しい形。①「～かもしれない」、②「公平だ」、③はB rather than A「AというよりむしろB」のrather than。

3 正解：③ ⇒ 削除 接続詞

訳：彼の家族は、彼が大学の課程を修了した後にロースクールで勉強する学費を支払えるほど裕福ではなかったけれども、奨学金を手にしたことで、彼は弁護士になるために勉強したいという願いを実現させることができた。

この文の構造は、Although S'V', SV.であり、obtaining a scholarshipがS、madeがVで、butが不要なので、**③を削除する**のが正しい形。①は［形容詞］ enough to do「～するのに十分に［形容詞］」のenough to、②は「支払う余裕がある」、④は「願い」の意味。

4 正解：④ ⇒ expected 受動態

訳：市場調査の会社が収集したデータによると、名刺収納の市場価値は、2018年に58億円に達すると期待されている。

expect O to do「Oが～するのを期待する」は受動態の**be expected to do**で「～すると予期される」という意味になるので、**④をexpectedにする**のが正しい形。「名刺のストレージの市場価値は、2018年に58億円に達する**と期待されている**」と意味も通る。①「データ」、②「価値」、③「～の」で問題のない表現。

5 正解：④ ⇒ to 文型・動詞の語法

訳：青年期の男の子たちは、スポーツやテレビゲームを目的にした、ゆるいまとまりの集団で交流する傾向にあり、そのおかげで社交技術のとても未熟な男の子でもなんとかやっていくことができる。

allow O to do「Oが～するのを許す」の型をとるので、**④をtoにする**のが正しい形。Oはa boy **with** minimal social skills「未熟な社交技術**を持った**男の子」。①in ~ groups「～の集団で」のin、②はfocused on「～に焦点を当てて」のfocusedで、focused ~ gamesの過去分詞のカタマリが、groupsを修飾している。

DAY 20

1

1 正解：② 熟語

訳：あなたの言うことから判断すると、当然あなたは無実ということになる。

空所の前後のIt、thatと②から、**It follows that ~.**「当然～ということになる」のfollowsとthatの間にfrom what you sayが入った形を推測する。「あなたの言うことから判断すると、**当然**あなたは無実**ということになる**」で意味が通るので、②**が正解**。

2 正解：④ 動詞の語彙

訳：教育機会の格差は、収入格差のような他の社会的格差と同時に起こる。こうした他の社会的な不平等を調べずに、この種の教育機会の分断を話し合うことは不可能だ。

空所の前後が「教育機会の格差」と「他の社会的格差」なので、**parallel**「同時に起こる」を入れると意味が通る。よって、④**が正解**。形容詞のparallel「平行の」が動詞になって「平行に起こる」＝「同時に起こる」の意味になる。①「～を待つ」、②「向ける」、③「監視する」の意味。

3 正解：① 熟語

訳：私が昨日観た映画はとても感動的だったので、涙をこらえるのが大変だった。

fight backは「抵抗する」の意味から、「(涙、感情などを) こらえる」という意味にもなるので、①**が正解**。②「契約を結ぶ」、③「連絡をとる」、④「満足させる」の意味。

4 正解：① 動詞の語彙

訳：ユキコは長い間、本を書くことを目標にしていた。彼女はとうとう自分の夢を実現させたとき、自分の作品がベストセラーになったとわかって、さらに興奮した。

空所の後ろのher dreamと①から、**fulfill one's dream**「夢を実現する」を推測する。「彼女はとうとう**自分の夢を実現させた**とき、自分の作品がベストセラーになったとわかって、さらに興奮した」で意味も通るので、①**が正解**。「夢を実現させる」の表現は、他にもrealize one's dream、achieve one's dreamがあることをおさえておく。

5 正解：③ 熟語

訳：夫が突然亡くなってから、何かしら普段と違うことがあると彼女は不安になった。

空所の前後のanythingがS、madeがVなので、空所にはanythingを修飾する表現が入ると推測する。選択肢から、「**通常から外れた**どんなことでも、彼女を神経質にさせた」と推測して、**out of the ordinary**「通常から外れた(＝異常な)」が意味に合うので、③**が正解**。①のような表現はしない。②はout from、orderly prosecution「秩序ある訴追」が意味不明。④は名詞なので、後ろからanythingを修飾できない。

6 正解：④ 関係詞・熟語

訳：このすばらしい本は、自由の本質を完全に説明している。

空所の前後のwhat、is、aboutから、**what S is all about**「Sの本質」を推測する。「このすばらしい本は、自由**の本質**を完全に説明している」で意味も通るので、④**が正解**。①は、what S is like「Sはどのようなものか」で使う。

7 正解：① 熟語

訳：あなたは具合が悪いと言うけれども、私はあなたに関して悪いところを見つけられない。

空所の後ろのthe matter with youから、**There is something the matter with ~.**「～には問題なところがある」＝「～は調子が悪い」を推測する。否定文なのでsomethingがanythingになって、findの目的語になると、I can't find **anything the matter with** you.「私はあなたの調子が悪いところを見つけられない」となるので、①**が正解**。他の選択肢では、後ろに本問の表現を続けられない。

8 正解：① 接続詞・熟語

訳：今日、多くの人がコンピューターでオフィスとつながりながら、リモートワーク、つまり在宅勤務をする。

2番目の空所の前後のby、ofから、**by means of**「～によって」、**by way of**「～経由で」を推測して、①、③に正解の候補を絞る。③のcommutableは「通勤可能な」の意味なので、「コンピューターを経由してオフィスに**通勤可能でありながら**、多くの人はリモートワーク、つまり家で仕事をする」は意味が通らない。**be linked to**「～につながっている」を使うと、「コンピューターでオフィス**とつながり**ながら」で意味が通るので、①**が正解**。②having attachment toで「～に愛着をもつこと」で意味が通らない、④はhave to doで使う。

9 正解：② 分詞・前置詞

訳：軍隊が四方八方を取り囲み、ミサイルを打つ準備をしていたので、テロリストたちはついに降伏した。

「軍隊が四方八方を取り囲み、ミサイルを打つ準備をしていた」と意味を読み取る。the armyがO、on all sides of them and ready to fire missilesがCとなる付帯状況のwithを推測して、②**が正解**。①「～の周囲に」、③「～のために」、④「～から」

の意味。

***10 正解：④** 動詞の語法

訳：彼女の母は、彼女に何をすべきかを助言した［尋ねた、示した、伝えた］。

本問は空所の後ろに、her、what to doがあるので、空所に第4文型をとる動詞を予測する。suggestは**suggest (to O) that ~**「(Oに) ~を提案する」と使うので、第4文型をとることができない。よって、**④が正解**。① advise O_1 O_2「O_1にO_2を助言する」、② ask O_1 O_2「O_1にO_2を尋ねる」、③ show O_1 O_2「O_1にO_2を示す」、⑤ tell O_1 O_2「O_1にO_2を伝える」のように使う。

D A Y 1 2 3 4 5 6 7 8 9 10 11 12 13 14 15 16 17 18 19 20

2

接続詞・関係詞・熟語・不定詞

1. 正解：~, which dominate the early stages of the subject (as it is taught to undergraduates in) **many countries.**

asを接続詞とみなし、is、taughtから受動態を予測して、**as it is taught**まで続ける。itは、the subjectもしくはpure mathematicsを受ける代名詞。続いて、undergraduates「学部生」から、**to undergraduates in** many countries.で完成。「それは多くの国で学部生に教えられているように」と意味も通る。

2. 正解：The (ways in which pure mathematicians express themselves)**, and ~.**

空所の前のThe、選択肢のways、in、whichから、**the ways in which**「~する方法」を推測して**The ways in which**まで並べる。第1文のpure mathematicsを参考に、**pure mathematicians express themselves**と続けて、完成。

3. 正解：~, no-one will have (any idea what we are talking about)**.**

空所の前のno-one will haveと選択肢のideaから、**have no idea**「わからない」の変形である~, no-one will have **any idea**まで並べる。whatを使って間接疑問を作ると推測して、**what we are talking about**と並べて完成。have no ideaの後ろは、as to「~に関して」がよく省略されて、間接疑問などが直接続けられることをおさえておく。

4. 正解：We know a lot about dogs and gardens, and do not need to put the sentence under (scrutiny in order to understand the meaning)**.**

選択肢のin、order、toから、**in order to do**「~するために」を推測して、**in order to understand the meaning**.まで並べる。残ったscrutiny「綿密な調査」を先頭に置いて、~ to put the sentence under **scrutiny in order to understand the meaning**.「その意味を理解するために、その文を綿密に調査する」と意味も通るので、完成。

5. 正解：~, and (analyze every part of it until you) understand what it asserts.

選択肢のuntilを接続詞とみなして、後ろにSVを予測して、**until you** understand what it asserts.「それが主張することを理解するまで」と並べる。空所の前のandが、takeとVを並列させていると予測して、~, and **analyze every part of it**「そのすべての部分を分析する」を先頭において完成。itはthe remarkを受ける代名詞。

全訳

次の文章を読んで、1 ～ 5の語を正しい順序に並べ替えなさい。

この本は、純粋数学の2つの分野である代数学と解析学のやさしくゆっくりした導入である。代数学と解析学は、多くの国で大学生に教えられるように、純粋数学の入門レベルの中心である。この本はより発展したテキストに代わるものではないし、包括的であると主張するものでもない。私の願いでは、それは読みやすくあるべきだし、この目的において、その文体は教科書の伝統的なものよりも、明確に口語調だ。したがって、これはひっきりなしに定理を証明するタイプの本ではない。注釈も載っている。純粋数学者が自身を表現する方法や、その科目の段階を踏んで進む性質のせいで、純粋数学が初学者にとって脅威に思えてしまうかもしれない。数学的な表現方法や演繹(えんえき)法は、純粋数学にはとても重要だ。私たちはなじみのない幾何学(きかがく)、新しい代数系、そして無限の次元空間を探究することを望む。とても厳密であるための準備ができていないのなら、この企てに乗り出すのは意味がない。というのは、厳密でなければ自分たちが何について話しているかまったくわからないからだ。これらの風変りな空間や物体は、例えば犬などと違って、毎日の経験の一部ではない。もし私たちが「庭に犬がいる」と言うなら、私たちは「犬とは何か、庭とは何か、isはこの文で何を意味しているのか、なぜあなたは不定冠詞のaを使っており、thereという語はどんな働きをしているのか？」といった反応を予期しない。私たちは、犬や庭について多くを知っており、その文の意味を理解するために、その文を綿密に調査する必要はない。しかし、もしそうではなく、誰かが「すべての線形群は、実質的に可解か、階数2の自由部分群を含んでいる」と言った場合、あなたがこれらの用語が犬や庭と同じくらいなじみのある世界に暮らしているのでないなら、その発言が主張することを理解できるまで、発言を分解して、そのすべての部分を分析しなければならないのだ。

3

1 正解：② ⇒ concerns　**動詞の語法**

訳：私たちの対面式の身体的ボディランゲージと同様に、デジタルのボディランゲージは、私たちの気分や関わり合いのようなものを伝えたり、私たちが言う言葉の意味を変えたりする、かすかな手がかりに関与する。

Like ~ physical body languageが前置詞句で、digital body languageがSとすると、それに対応するVが見当たらない。③の後ろのthatが関係代名詞で、andがsignalとchangeをつなげていると判断すると、ともに関係詞節中の動詞で主節の動詞ではない。よって、②を動詞にするしかないので、**②をconcernsにする**のが正しい形。①は前置詞のlikeで「～のように」、③「手がかり」、④は動詞のsignal「伝える」の意味。

2 正解：① ⇒ is　**時　制**

訳：マライラ島には、何世代もそこにある宿が存在する。この物語が始まったとき、そこは十分な管理をする夫婦によって運営されていた。

第1文で、「何世代もそこにある宿が存在した」と意味を読み取ると、「そこにある」のは現在完了で今も続いているのに、「宿が存在した」のは過去時制になり、時制が合わない。よって、**①を現在時制のisにする**のが正しい形。②「始まった」、③は他動詞のrunで「運営する」が受動態のbe runとなった形のrunで過去分詞。④はtake care of「～の管理をする」のtakeが過去形のtookになった形。

3 正解：② ⇒ in[as a] consequence　**熟　語**

訳：私たちはある意味で「地理的な存在」であるため、場所の創造や、結果として国境を設ける過程が自然に思える。しかし、国境は「自然の」現象ではない。国境は、人間がそれを意味があるとみなす程度にのみ、世界に存在する。

②はbyが前置詞なので、後ろに形容詞のconsequent「結果として起こる」を続けることはできない。「場所の創造、そして**結果として**国境を設ける過程が自然に思える」と意味を読み取って、**②をin consequence「結果として」、あるいはas a consequence「結果として」にする**のが正しい形。①は先行詞のgeographic beings「地理的な存在」が人を表し、関係詞節中でfor geographic beingsで使われるので、for whomで問題ない。③「～という程度にだけ」、④はregard A as B「AをBとみなす」のasとmeaningful「意義のある」の組み合わせ。

4 正解：④ ⇒ economic　**形容詞**

訳：その協定は、経済的、政治的パートナーシップを作る過程の、具体的な最初の一歩だった。

「その協定は、**経済と政治的パートナーシップを作る**過程の具体的な最初の一歩だった」では意味が通らない。④のeconomyをeconomicにして、politicalと共にpartnershipを修飾していると理解すれば、「経済的、政治的パートナーシップ」と意味が通るので、④**をeconomicにする**のが正しい形。同様にeconomyから派生した形容詞のeconomicalは「倹約する」の意味になることもおさえておく。①、②はprocess「過程」は可算名詞なので、a processで正しい。③は「作る」の意味。**紛らわしい形容詞**をまとめる。

総まとめ POINT 20 紛らわしい形容詞

関連語	単語その1	単語その2
sense「感覚・感じる」	**sensible**「分別のある(賢明だ)」	**sensitive**「敏感な」
consider「考慮する」	**considerate**「思いやりのある」	**considerable**「かなりの」
economy「経済」	**economic**「経済の」	**economical**「節約になる」
literary「文学の」	**literate**「読み書きのできる」	**literal**「文字通りの」
succeed「成功する・後に続く」	**successful**「成功した」	**successive**「連続する」

5 正解：④ ⇒ **of** 前置詞

訳：彼は彼女に対する最初の態度をひどく後悔し、戻って、なんとか彼女を見つけて、自分がひょっとして役に立てないかと尋ねることができはしないかと振り返って思案した。

④は後ろのuseから、**of use**「役に立つ」を推測して、「彼が**役に立つ**かどうかを尋ねる」とすると意味が通るので、④**をofにする**のが正しい形。① towards「～に対する」はイギリス英語で、アメリカ英語ではtoward。②は不定詞の副詞的用法のto、③は「戻ることができ**ない**」のnot。

1	裁判に関する英語表現	p.008
2	カタカナと意味が異なる英単語	p.010
3	感情動詞【応用編】	p.014
4	自動詞と間違えやすい他動詞	p.015
5	因果関係を作る表現	p.015
6	「～に頼る」の表現	p.019
7	「～する傾向にある（～しがちである）」	p.020
8	「～に置く」・「～に衝撃を受ける」	p.039
9	at homeの意味の広がり	p.039
10	hangを使った重要熟語	p.045
11	「（考えが）人の心に浮かぶ」の表現	p.049
12	meansを使った重要熟語	p.050
13	食べ物を使った英語表現	p.060
14	複数形で単数扱いをする単語（学問）	p.077
15	３語からなる重要熟語【応用編】	p.079
16	runの用法	p.080
17	お金を意味する重要単語【応用編】	p.085
18	頻出の会話表現【応用編】	p.090
19	SVO from doing「Oが～するのを妨げる」の型をとる動詞【応用編】	p.095
20	紛らわしい形容詞	p.110

【著者紹介】

肘井　学（ひじい・がく）

◉――慶應義塾大学文学部英米文学専攻卒業。全国のさまざまな予備校をへて、リクルートが主催するネット講義サービス「スタディサプリ」で教鞭をとり、高校生、受験生から英語を学びなおす社会人まで、圧倒的な満足度を誇る。

◉――「スタディサプリ」で公開される「英文読解」の講座は、年間25万人の生徒が受講する超人気講座となっている。さらに「東大英語」「京大英語」を担当し、受講者に多くの成功体験を与えている。

◉――週刊英和新聞「朝日ウィークリー（Asahi Weekly）」にてコラムを連載するなど、幅広く活躍中。

◉――著書に『大学入試肘井学の読解のための英文法が面白いほどわかる本』『大学入試肘井学のゼロから英語長文が面白いほどわかる本』『大学入試ゼロから英文法が面白いほどわかる本』（KADOKAWA）、『大学入試すぐわかる英文法』『大学入試すぐ書ける自由英作文』『大学入試絶対できる英語リスニング』（教学社）、『高校の英文法が１冊でしっかりわかる本』『大学入試 レベル別英語長文問題ソリューション［1～3］』『同　最新テーマ編［1～3］』（かんき出版）などがある。

大学入試 レベル別英文法問題ソリューション ラストスパート３ トップレベル

2024年７月29日　　第１刷発行

著　者――肘井　学
発行者――齊藤　龍男
発行所――株式会社かんき出版
東京都千代田区麹町4-1-4 西脇ビル　〒102-0083
電話　営業部：03(3262)8011㈹　編集部：03(3262)8012㈹
FAX　03(3234)4421　　振替　00100-2-62304
https://kanki-pub.co.jp/

印刷所――シナノ書籍印刷株式会社

ISBN978-4-7612-3124-8 C7082